피드백 공부법

피드백
공부법

지 은 이 | 이승호
펴 낸 이 | 김원중

편   집 | 윤예미, 김현정
표지디자인 | 옥미향
디 자 인 | 정진우
마 케 팅 | 김재국
제   작 | 서 영

초 판 인 쇄 | 2007년 6월 21일
초 판 발 행 | 2007년 6월 25일

출 판 등 록 | 제2-2576호(1998.8.27)

펴 낸 곳 | 도서출판 선미디어
         상상예찬(주)
주   소 | 서울시 마포구 상수동 324-11
전   화 | (02)325-5191
팩   스 | (02)325-5008
홈페이지 | http://smbooks.com

ISBN 978-89-88323-97-7 (43370)

값 9,800원

중학교에서 대학입시까지 한권으로 끝내는 Perfect Study

피드백
공부법

도서
출판 선·미디어

책머리에

대한민국의 교육이 나아가야 할 올바른 방향을 제시한 책이다.

지금까지 우리 중·고등학생들은 단발적이고 의존적인 공부 습관에 얽매어 있었다. 대학이라는 근시안적인 목표만을 바라보며 진정한 공부의 즐거움은 느낄 새도 없이 오르락내리락하는 점수에만 매달려 있었다는 말이다. 흔들리는 기초 위에 쌓아 올린 성적은 언젠가 무너지게 마련이다. 기초부터 완전학습이 안 되면 공부를 하면서도 늘 불안하고 공부에 들인 시간과 노력이 결과에 나타나지도 않는다. 공부는 완벽한 이해를 바탕으로 해야 한다. 깊이 이해하지 못하고 넘어가다 보면 결국 불완전한 학습이 쌓여 공부에 흥미를 잃게 된다. 뿌리가 얕으면 나무는 시들게 마련이다. 확실한 공부 방법을 다져야 한다.

자녀를 학원에 보내지 않으면 불안감을 느끼는 현실은 분명히 사회적 병리현상이다. 현직에 있는 선생님 중에서도 성적이 하락하는 학생이나 성적이 나쁜 학생에게 "학원에 가서라도 점수를 올리라."는 말을 하는 경우가 있다. 교사 자격을 갖추고, 교육 전문가임을 국가가 인정한 자격자가 무자격자에게 가서 공부를 하라고 말하고 있다. 전문가 스스로가 교육을 포기한 것이다.

기러기 아빠라는 신조어가 생길 정도로 어학연수나 조기유학 바람이 일어나고 있는 것도 문제다. 여러 부작용들이 사회적으로 대두되어도 그저 외국에만 나가면 된다는 식의 막연한 논리는 절대 어학교육의 올바른 길이 아니다. 논술 역시, 학원에서 배울 것은 아니다. 자신의 생각을 쓰는 논술에 '모범답안'이 있다는 것 자체가 교육이 거꾸로 가고 있다는 반증이다.

학원을 이미 설립한 사람은 물론이거니와 설립할 예정자, 강사 모두가 교사 자격증을 갖게 함으로써 문제풀이 기술자를 생산하는 공장장이 아닌, 진정한 의미의 교육이 실현될 수 있는 장으로 만들어야 한다. 그럴 때, 올바른 교육이 실천 될 수 있을 것이다. 수많은 자격증 제도와 허가 제도는 존재하면서도 정작 가장 소중한 사교육 부분에서만은 그러한 여과 장치가 없다면 이는 분명 문제가 아닐 수 없다.

인간을 인간답게 만드는 직업만큼 중요한 것은 없다. 교육은 인간다움을 만드는 가장 기본적이며 핵심적인 방법이다. 교육이 바로 서야 모든 것이 발전적으로 나아갈 수 있다. 잘못된 교육 방법부터 하나하나 바꾸어 나가자. 성적에 끌려가는 것이 아닌, 공부를 통해 쌓아가야 할 것이 무엇인지를 분명히 알아야 한다.

공부가 즐거운 세상을 꿈꾸며

이 승 호

|차 례

책머리에

STUDY 1 자세편

1과 '진짜 공부'를 위해 버려야 할 몇 가지

2과 바람직한 학습자세를 만드는 필요충분조건

|차 례

STUDY 3 — 실전편

6과 ▌구체적인 과목별 적용방법; 노트작성 첨부

7과 ▌사례를 통해 공부법 재확인

Prologue 진정한 의미의 공부

이 책은 모든 중·고등학생의 스스로 학습을 지향한다. 현재 공부를 잘 하는 학생뿐만 아니라 공부를 잘 하지 못하는 학생들까지 대한민국의 '학생'이라면 모두 이 책의 대상이다. 특히 성적의 최상위권 진입을 노리는 학생들에게 이 책에 제시된 공부 방법들은 더할 나위없는 희소식이다. 더불어, 공부에 흥미를 잃은 학생에게도 공부의 맥을 짚어주는 이 책의 방법들은 "이런 방법이라면 공부가 되겠어, 나도 다시 시작할 수 있어!"라는 희망을 불어넣어 주기에 충분하다.

이 책의 내용은 이미 검증된 것이다. 그러니 반신반의하지 말고 제시한 내용을 실천하는 의지를 가지기 바란다. 피드백, 완전학습, 무학년제, 과목별 학습 방법들을 하나둘 이해해가는 과정에서 "과연 될까?"하는 망설임은 불식될 것이다. 제시된 공부 방법을 충실하게 실천한다면 공부와 성적에 대한 학생들의 꿈과 목적은 충분히 성취될 수 있다. 언제나 그렇듯 '실천'이 관건이다.

문제풀이 생산 공장의 기술자를 탈피한다

우리나라는 입시를 중심으로 학원과 과외 등 사교육의 큰 시장이 형성되어 있다. 학원은 계열화 되어 있는 경우가 대부분이고, 본원에서 자체 제작한 문제집을 계열 전체에서 사용한다. 우리나라의 학원은 마치 문제풀이 기술자를 생산하는 생산 공장 같다. 학원은 공부의 증거물과 성적향상이라는 결과물을 단시간에 보여줘야 하는 입장이다. 그러니 기본 원리부터 다져나가지 못하고, 증거물 작성을 위해 시간들을 모두 문제풀이로 소진할 수밖에 없다. 이는 깨진 독에 물붓기다. 깨진 부분을 보수하기 위해서는 물붓기를 잠시 멈추어야 하는데 그 잠깐의 시간을 학부모들이, 그리고 학생들이 견디지 못한다. 열심에 비해 차오르지 않는데도 물붓기를 멈추는 것을 불안해한다. '열심'이라도 꼭 보상 받는 것은 아니라는 사실을 깨달아야 한다.

그럼에도 우리나라의 부모들은 자녀들이 학원에라도 가서 성적을 올렸으면 한다. 그러나 정작 학생들은 학원이 그리 큰 도움은 되지 않는다는 것을 어렴풋하게나마 알아차린다. 고등학생이 되면 그러한 생각은 더욱 뚜렷해진다. 올바른 생각이다. 문제는 그 다음의 대처 방법을 모른다는 것이다.

그 대처 방법이 이 책에 있다. 학원이나 과외 등의 도움 없이도 모든 것을 해결할 수 있는 공부 방법, 즉 보상받을 수 있는 열심을 이 책에서 제대로 제시해준다. 학원에서 공부하는 것이 큰 도움이 되지 못한다고 생각하는 학생이나, 학습지로부터 탈출하고 싶은 욕망을 가진 학생에게는 보다 큰 도움이 될 수 있을 것이다.

성적이 하위권인 학생들의 문제점은 대부분 공부 '방법'을 모른다는 데에 있다. 공부를 잘 하려면 우선 학생의 능력과 개인의 생활 습관을 고려하여 과목별로 성취도를 판단해야 한다. 성취도는 '머리가 좋다, 나쁘다'의 단순한 문제가 아니다. 개개인의 능력과 습관이 곧 성적의 변수이며, 동시에 잘못된 공부 방법을 가려내는 중요한 척도가 되는 것이다. 이제 성취도에 따라 학생의 능력에 맞는 학습 방법이나 공부할 내용을 찾아야 한다. 그럴 때 학생들은 공부를 하는 과정에서 어려움을 느끼지 않으면서도 성적은 기대 이상으로 오르는 효과를 맛볼 수 있다.

이 책에 학생들이 가장 필요로 하는 각 과목별 공부 방법을 사례와 함께 상세하게 서술해두었다. 공부는 하고 싶으나 과목별 공부 방법을 모르는 학생에게 이 책을 권한다. 개개인에게만 있는 공부 방법상의 장점과 문제점을 파악하여 보완하고, 과목별 공부 방법을 터득하는 좋은 길잡이가 되어 줄 것이다.

공부의 왕도가 보인다

흔히 공부에는 왕도가 없다고들 한다. 그러나 인간의 가장 큰 특성 중에 하나인 망각 기능을 인정하고 여기에 학생의 생리적 특성, 교과서의 과학성, 노트의 중요성을 적절하게 융합하고 나면 왕도도 보인다.

이 책에서 설명하는 공부 방법은 학생들이 어디에서도 볼 수 없었던 방법이다. 가능하면 이 책에 제시된 공부 방법을 그대로 따라하면 좋겠다. 틀림없이 성적이 올라갈 것이다. 중학생과 고등학생에게 이미 적용을 시킨 결과이기에 자신 있게 말할 수 있다. 쉽고 편안하게 공부해서 최상위권으로 진입해보자.

우선 학교, 학원, 과외 등에 의존하려는 생각부터 과감하게 바꾸어야 한다. 내가 모르는 것을 나의 힘으로 찾는 것이 진정한 의미의 공부다. 내가 해야 할 공부를 남이 대신해줄 수는 없는 것이다. 초등학교 정도의 비교적 단순한 교과 내용에서는 그것이 큰 위력을 발휘할 수도 있다. 그러나 중학교나 고등학교에서는 공부의 양이 많아질 뿐만 아니라 그 내용도 깊어지므로 의존적 성향은 곧 어려움에 봉착하게 될 것이다. 끌려가는 공부는 오히려 부작용만 크게 일으킬 뿐이다.

교과서는 각 과목별로 세분화되어 있어 정상적인 사람이라면 독학도 충분히 가능하다. 상위학년의 교과서는 하위학년의 교과서 내용을 70% 이상 함유하고 있다. 그만큼 과학적이고 체계적이다. 하고자 한다면 학교 선생님의 도움 없이도 충분히 공부할 수 있도록 만들어졌다는 말이나. 당연히 학원이나 과외는 더더욱 필요가 없다.

학교나 학원 등 타인의 도움으로 공부를 하다 보면 불완전한 학습이 되는 경우가 많다. 확실하게 다져지고 메워진 기본기 위에 쌓아올려야만 무너지지 않는다. 스스로 학습하여 완전학습에 도달해야 한다. 불완전한 학습은 심각한 문제를 야기한다. 스트레스가 쌓이고 급기야는 자학까지도 하게 된다. 심하면 사회 문제로까지 비화되기도 하는 것이다. 내가 모르는 것을 내가 찾아서 공부를 하지 않은 결과다.

이 세상에서 노력을 하지 않고 얻을 수 있는 것은 아무것도 없다. 노력과 정열을 쏟으면서 사는 인생은 아름다운 것이다. 어차피 해야 할 공부라면 오히려 그것을 즐기는 것도 좋다. 공부의 방법을 개선해서, 긍정적인 마음을 가지고 하면 자신은 물론이거니와 지켜보는 주위의 사람들도 함께 기뻐진다. 기쁜 마음으로 공부를 할 때 비로소 자신의 두뇌가 발전한다.

– 중학생이나 고등학생이 각각의 과목에서 자신이 성취한 정도에 따라서 개개의 과목별로 피드백 하는 위치를 찾는 요령이 들어있다. 기초가 튼튼해야 건축물을 높이 쌓을 수 있고, 그 건축물이 오래 지탱할 수 있듯이 공부도 기초가 튼튼해야 한다.

– 피드백이 된 뒤에는 개별 과목들을 공부하는 요령이 예시와 함께 구체적으로 서술되어 있다.

– 독해력과 집중력을 단기간에 상승시키는 방법도 예시와 함께 서술했다. 공부의 시작은 집중력과 독해력이다. 독해력을 공부하면 집중력도 함께 길러진다.

– 각 과목별로 노트를 활용하는 방법도 예시와 함께 구체적으로 서술했다. 예습이나 복습을 할 때 노트를 정리하는 방법은 각 과목마다 다르다. 과목별 특성에 따라 효과적인 노트작성법이 가능하다.

– 참고서를 활용하는 방법도 제시되었다. 참고서는 말 그대로 참고서이며 부교재일 뿐이다. 너무 참고서에 매달리는 것은 좋지 않다.

– 완전학습을 하는 방법도 예습을 할 때와 복습을 할 때, 그리고 교과서를 공부할 때와 참고서를 공부할 때가 다르다. 완전학습을 하는 요령을 과목별로 분리해서 구체적으로 서술했다.

– 외국으로의 영어 어학연수도 불필요하다. 대한민국 정부가 인정하는 영어 어학연수를 받을 수 있다. 원어민이 주로 사용하는 억양이나 발음 방법을 집에서도 배운다.

– 논술을 공부하는 방법도 상세하게 서술되어 있다. 논술을 어렵게만 생각하는 것부터 바꿔야 된다. 초등학생도 논술을 할 수 있어야 한다. 우리나라 교육은 쓰기와 말하기를 거의 가르치지 않기에 '논술' 앞에서 작아지는 것이다.

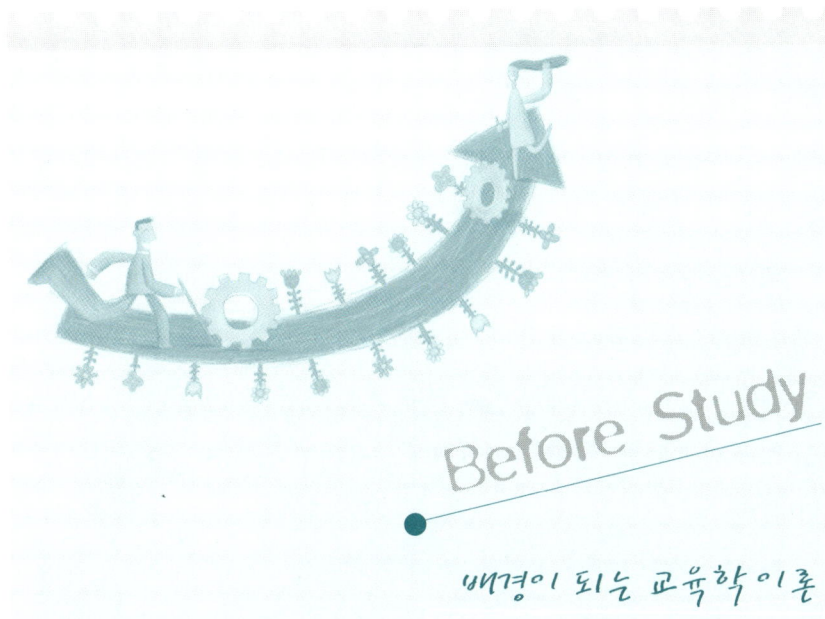

Before Study

배경이 되는 교육학 이론

무학년제

　학생들에게는 자기가 좋아하는 과목이나 상대적으로 빠르게 이해할 수가 있는 과목이 있다. 특정 과목을 담당하는 선생님에 대한 호감도에 따라 성적이 다르게 나오기도 한다. 그 과목에 대한 기초 실력이 어느 정도인가에 따라서도 성적은 다르게 나온다. 즉, 개인별 과목별 성적 편차는 누구에게나 존재한다.

　모든 과목에서 성취도가 '수'로만 나오는 학생들은 쉽게 찾아볼 수 없다. 시험의 난이도에 따라 성적이 다르게 나올 수도 있고, 절대평가 방법을 선택했느냐, 상대평가 방법을 선택했느냐에 따라서도 얼마든지 달라진다.

학생들에게는 좋아하는 분야와 각 과목별 성취도에 따라 학년의 개념이 다르게 적용되어야 한다. 현재 우리나라 교육제도는 학생의 적성과 과목별 성취 정도를 무시하고 있다. 많은 학생이 대상이다 보니 어쩔 수 없다고 이해는 되지만, 학년제에 순응하지 못하면 낙오자가 되고 만다.

학생들은 학년제의 단점으로부터 스스로의 힘으로 벗어나야 한다. 학생의 취미나 과목별 성취도에 따른 과목별 학습 방법이 달라야 한다. 이것이 무학년제다. 모든 과목에서 학생의 개인별 능력이나 취미, 특성, 과목별 성취도 등을 객관적으로 판단하여 그 학생에게만 맞는 과목별 공부 방법을 적용하는 것이 무학년제의 본질이다.

피드백(Feed-Back)

직접적으로 번역하면 "먹이를 다시 주다."라는 의미다. 교육이론으로 풀이하면 "예전에 공부했던 내용을 다시 한다."는 뜻이 된다. "무엇을 다시 공부하라는 것인가?"라는 의문이 생길 수도 있으나, 그 구체적인 요령은 이 책의 5과와 6과에 설명해놓았다.

미래에 조금이라도 좋은 성적을 원하는 학생이라면 대부분 피드백이 필요하다. 그러나 그 위치는 개인마다 과목마다 다르다. 학생의 과목별 성취도에 따라 각 과목별로 개인적인 피드백 위치를 정할 수 있다. 자신의 피드백 위치는 학교 시험보다 전국 규모의 시험으로 판단하는 것이 좋다. 전국 규모의 시험에서 '수(90점)' 이상을 받을 수 있는 과목은 피드백이 불필요하다.

일반적으로 학생들은 과거에 공부했던 것을 보려 하지 않는다. 다 알고 있다는 자만에 빠져 있거나 다시 보는 것이 귀찮기 때문이다. 부모님이나 선생님의 잔소리를 듣기 싫은 것과 같다. 이것을 극복할 수 있어야 된다.

또 하나의 문제가 있다. 학교 시험은 상대적으로 신뢰성이 떨어진다. 그런데도 자기 학교에서의 과목별 성취도만 믿고는 나의 성적은 좋다는 착각에 빠지는 경우도 있다. 상대적으로 객관도가 높은 전국 규모의 시험을 기준으로 피드백을 해야 된다.

학생 개개인의 개별 과복에 대한 취미, 적성, 성취도와 과목별 특성 등이 충분히 고려된 상태에서 피드백을 한다. 학생들은 비전문가이기 때문에 스스로를 진단하기가 어려울 것이나 이것 역시 이 책의 5과와 6과를 통해 이해하고 실천할 수 있다.

완전학습

완전학습이란 한마디로 말해서 학급 안의 약 95%의 학생들이 주어진 학습과제의 약 90% 이상을 완전히 달성해내는 학습이라고 정의할 수 있다. 이때의 학급은 동질적이 아닌 각기 개인차가 다른 이질적인 집단을 말한다.

어떤 교과건 신체적 또는 능력적인 면에 큰 결함이 있는 5% 정도의 학생을 제외하고 각 개인에게 최적의 교육 여건이 마련되면 거의 대부분의 학생은 완전한 학습이 가능하다는 것을 전제한다. 즉, 학생의 취미나 특성, 난이도, 각 과목들의 특성, 학생의 과목 선생님에 대한 호감정도, 부모님의 학생에 대한 관심도 등과 상관없이 주어진 학습과제의 약 90% 이상을 완전히 학습해낼 수 있다는 이론이다.

그러나 실질적인 학습과정에서는 학생이 추구하는 미래 희망이나 교과별 특성 등에 따라 과목별 성취 정도는 다르게 나온다. 그래서 피드백을 할 때는 과목별로 다르게 피드백을 해야 한다. 그후에 학습을 하는 각 단계별로 완전학습 이론을 적용해야 한다.

첫째, 교과서를 독해하는 과정에서 완전학습이 이루어져야 한다. 독해력을 바탕으로 글쓴이가 무슨 내용을 전달하려는가를 정확하게 파악해야 한다. 독해력은 전체 과목을 보다 효율적으로 공부할 수 있는 바탕이 된다. 어떤 학생이든 공부 방법에 큰 변화 없이 독해력만 향상시켜도

2~3개월 후면 전체 과목의 성적이 향상될 정도다. 그만큼 독해력은 중요하다.

둘째, 노트를 작성하는 단계다. 내가 알고 있는 내용은 물론이거니와 내가 모르는 내용도 노트에 정리해야 한다. 상위학년의 교과서에는 하위학년의 교과서 내용이 약 70%이상 들어가 있는 점을 고려하면 노트에 정리해야 하는 양은 학생들이 감당하지 못할 정도는 아니다. 부교재를 만드는 사람의 입장에서 정리하면 된다.

셋째, 노트를 암기(복습)할 때도 완전학습은 적용되어야 한다. 내가 정리한 노트의 내용은 머릿속에 반드시 있어야 한다. 내가 필요하다고 생각이 되어서 정리한 내용을 내가 무시하면 올바른 공부가 아니다. 이 책의 5과에 제시된 복습하는 요령을 활용하면 좋다.

넷째, 문제집(부교재)을 학습할 때도 과목별 특성과 개인의 능력, 성취도 등이 고려된 상태에서 완전학습이 이루어져야 한다.

다섯째, 오답노트를 하는 것도 과목별로 다르다. 발산형 과목인 국어와 영어는 오답노트가 불필요하지만 수렴형 과목들에서는 반드시 필요하다. 수학은 단순히 문제와 정답만을 노트에 기록한다. 사회나 과학은 틀린 문제를 내 것으로 만들 수 있도록 내용을 요약 정리하는 것이 올바른 방법이다.

완전학습은 예습, 복습, 학교수업 등 공부하는 전체에서 단계별로 이루어져야 하는 과정이다. 이 완전학습의 기반을 다지는 것이 독해력이다.

스스로 학습법

피드백과 완전학습법, 스스로 학습법은 상호 보완 관계다. 피드백을 한 상태에서 완전학습을 해오면 혼자서도 어려운 문제를 해결할 수 있다는 것이 스스로 학습법이다. 피드백이 정상적으로 이루어지면 그에 따른 각 단계별 완전학습 방법이 적용된다. 모르는 문제 하나를 몇 시간 동안 연구해서 풀고야 마는 끈기가 있는 학생이라면 스스로 해결할 수 없는 것은 없다.

무엇보다 중요한 것은, 교과서를 공부하는 자세다. 독해력을 바탕으로 충분한 이해가 있어야 한다. 이해가 없는 공부는 좋은 방법이 아니다.

교과서의 내용을 노트에 정리할 때도 강한 자신감을 갖고 자기 나름대로 정리해야 한다. 내가 정리하는 것이 맞는지 모르겠다는 생각은 절대 해서는 안 된다. 참고서 등은 전문가가 몇 달 혹은 몇 년에 걸쳐서 공부한 결과물을 가지고 압축, 정리한 것이다. 학생은 그렇게까지 압축적으로 표현할 필요는 없다. 내가 알 수 있을 정도로만 정리하면 된다. 노트정리 시, 이 책에서 제시한 복습 요령대로 하면 혼자서도 완전학습이 충분히 된다.

암기하는 자세도 정확해야 된다. 한번 본 것은 모두 알고 있다는 생각에서 벗어나야 된다. 항상 망각을 염두에 두고 복습을 꾸준하게 하면 된다.

모르는 문제를 처리하는 것도 요령이 있어야 된다. 나보다 공부를 월등하게 잘하는 친구나 선생님에게 질문을 하면 안 된다. 질문하는 그 순간에 그 모르는 문제를 연구하려는 자세는 없어지고, "설명한 내용을 컴퓨터처럼 정확하게 암기해야지. 집에 가서 풀면 풀 수가 있을 거야."라는 생각이 든다. 그 친구나 선생님은 나보다는 훨씬 낫다는 생각 때문에 올바르게 설명하고 있는가는 생각하지 않게 되는 것이다.

그러나 집에 와서 문제를 풀 수 없음을 알고 자신을 학대하게 된다. "설명을 조금 전에 들었는데도 왜 모르지?"라는 생각이 드는 것은 당연하다. 내가 모르는 문제를 내가 연구를 하지 않은 결과다. 내가 모르는 문제는 성적이 나와 비슷한 친구와 연구를 해야 된다. 친구가 설명하는 도중에 나의 머릿속에서 요령이 떠오를 수도 있고, 친구가 잘못 설명하는 경우에는 서로 의논을 하면서 연구를 하게 된다.

이 책 4과의 '피드백의 원리' 부분과 5과의 '과목별로 적용하는 피드백', '완전학습의 원리' 부분의 내용을 통해 학생 스스로 피드백을 할 수 있는 자가 진단 요령을 터득하게 될 것이다.

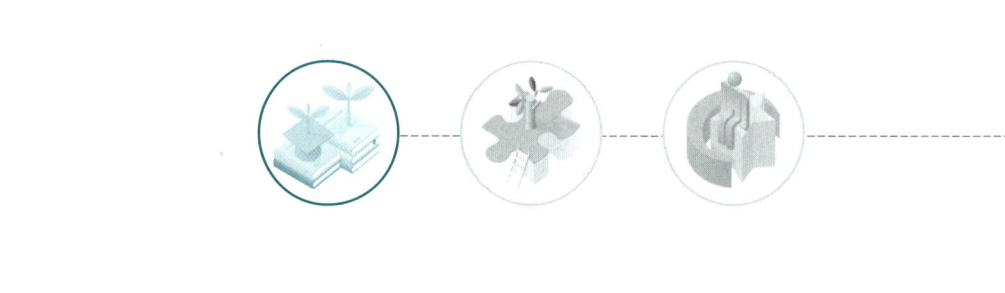

"공부는 어렵다!"라는 고정관념을 깨고
공부의 기본기를 잡는다.
지금까지 우리의 잘못된 자세와
왜곡된 생각은 공부에 접근하는
길을 차단했을 뿐이다.
실상 공부는 쉽다!

Study

1
자세 편

1과

'진짜 공부'를 위해 버려야 할 몇 가지

01 | 성적이 부진하다면 그럴만한 이유가 있다!

❀ 생활이 불규칙적이고 무계획적이다

공부를 열심히 하다가도 어느 날 컴퓨터나 놀이에 빠지거나 친구와 어울려버린다. 공부에서 오는 즐거움을 느껴보지 못한 사람의 특성이다. '이것은 오늘 꼭 하지 않으면 안 된다'는 강한 책임감이 없기 때문이다. 공부가 정상적으로 되는 학생에게서는 발견되지 않는 특성이다.

✿ 학업에 싫증을 빨리 내고 게을러진다

목표 의식이 부족한 경우다. 스스로의 미래에 대한 설계가 되어 있지 않다. 그리고 공부에 대한 기초 실력이 부족하니까 이해를 할 수도 없다. 부모님의 성화에 못이겨 책상 위에 앉지만 공부는 되지 않는다. 노력한 만큼의 대가가 나타나지 않으니까 짜증도 난다. 머릿속은 게임이나 TV 프로그램 등 엉뚱한 것들이 차지해버린다. 공부 방법을 바꿔 그러한 문제점을 빨리 개선해야 한다.

✿ 어려운 것만 찾는다

교과서에 나오는 문제들은 쉬운 것이니 공부할 필요가 없어 보인다. 공부를 잘 하는 친구들은 거의 문제집으로 공부하는 것 같다. 나도 이제부터는 어려운 문제집을 들고 공부를 해서 부모님에게 효도를 한번 해보겠다는 생각을 가지고 있다.

이해가 되지 않은 상태에서 어려운 문제집을 들고 있으면 짜증이 나거니와 잠도 오게 되어 있다. 어떤 과목이든 원리를 모르면 문제풀이는 안 된다. 교육의 목적이 문제풀이에 있지 않고 원리이해에 있기 때문이다. 문제를 푸는 목적은 원리를 완전하게 이해하고 있는가, 점검하는 데 있다.

무엇보다 교과서를 완전하게 이해한 상태에서 교과서의 문제를 충분히 풀 수 있어야만 한다. 교과서만 완전학습 해도 상위권에 충분히 진입할 수 있다. 문제를 출제할 때는 난이도를 상중하로 조정하게 되어 있다. 전체 문제를 어렵게만 출제하는 것이 아니다. 어려운 길로만 가려고 하지 말고 쉽고 평탄한 길로 가는 것이 공부의 왕도다.

🌸 공부를 잘 하는 학생의 흉내를 낸다

공부를 잘 하는 학생이 무슨 교재를 사용하니까 나도 그걸 사용하겠다는 식이다. 공부를 잘 하는 학생이 자기만의 독특한 공부 방법을 가지고, 계단을 오르듯이 차근차근 공부해가는 모습은 보지 못한 채 겉으로 잠깐 보이는 부분만 보고 그 흉내를 내는 것은 어리석은 일이다. 자기만의 독특한 공부 방법을 가져야 한다. 이 책을 잘 활용하면 공부 방법 부분에 대해서는 충분히 해결할 수 있을 것이다.

🌸 학원을 선호한다

이런 자세는 인생을 너무 쉽게 살려는 자세다. 이에 반해 중학교 3학년 학생이 모르는 수학 문제 하나를 가지고 5시간씩이나 소비하면서 결국 그 문제를 풀어냈다는 신문 보도가 있었다. 이처럼 진정한 의미의 공부를 위해서는 내 힘으로 해내고야 말겠다는 강한 신념과 끈기가 필요하다.

학생들이나 학부모가 가장 범하기 쉬운 오류가 여기에 있다. 기초 학력이 부족해질 수 있는 가장 큰 원인 중에 하나다. 학원에 의지하다 보면 '내' 가 모르는 것을 '내' 가 능동적으로 찾지 못하게 된다. 성적이 나보다 월등하게 나은 학생이 모르는 것을 내가 아는 경우도 있기 때문에 '내' 가 모르는 것은 '내' 가 찾아야 된다.

스스로를 비하한다

대부분의 학생들이 '나는 절대로 1등은 할 수 없는 사람이다.', '그 아이는 선천적으로 머리가 뛰어난 학생이다.' 등의 생각을 가지고 있다. 이 경우에는 상당부분 부모님에게도 책임이 있다. 학생들이 가장 듣기 싫어하는 소리는 나를 남과 비교하는 것이다. 그것도 가장 가깝다고 믿는 부모가 하는 소리는 충격을 주게 된다. 자신만의 공부 방법을 구축하여 이런 생각에서 빨리 벗어나야 된다.

성적이 중상위권에 있던 고등학교 3학년 학생을 그 학년 1등으로 만들었더니, 그 다음 시험 때까지 안정을 못 찾고 공부에 집중하지 못했다. 그 다음 시험에서는 전교 4등을 했다. 그때 마음 상태를 물었더니 "속이 후련합니다."라는 대답이 나왔다. 조금 씁쓸한 마음이 들었다. 스스로를 사랑하는 마음, 자기의 능력을 믿는 마음을 가져야 한다.

02 내신 등급, 시험 하나에 목숨 걸다?

중·고등학교에서 한 학기의 성적은 중간고사와 기말고사, 그리고 수행평가의 세 영역으로 이루어진다. 일반적으로 중간고사 30%, 기말고사 30%, 수행평가 40% 정도의 비율로 성적에 반영한다. 수행평가에는 기본 점수도 있다. 그러니 하나를 잘 보지 못했다고 좌절할 일은 아니다.

대학 입학 시 내신은, 일부 대학을 제외하고는, 1학년 성적 20%, 2학년 성적 30%, 3학년 성적 50%의 비율로 반영한다. 그리고 각 대학교나 단과대학 별로 반영하는 과목도 다르다. 인문계는 국어, 영어(수학), 사회탐구(대학이나 학생이 선택한 과목)를 반영하고, 자연계는 영어, 수학(국어), 과학탐구(대학이나 학생이 선택한 과목)를 반영하는 것이 일반적이다. 전 과목을 고루 잘 해야할 필요는 없다.

고등학교 3년 동안 한 과목 당 12회씩 시험을 치른다. 한번 잘 못치르면 끝이라는 극단적인 생각은 불필요하다. 다음 시험과 학년 개념을 염두에 두고 생각하면 훨씬 여유를 가지게 될 것이다.

각 대학에서 내신 실질 반영비율을 따져보면, 중간고사나 기말고사에서의 한 과목 10점은 대학 입시에서는 1점도 채 되지 않는다. 수능이 15등급일 때, 수능 60%와 내신 40%를 반영하는 대학교를 기준으로 내신 한 등급이 차지하는 대학수학능력시험 점수를 산출해보았다. 그 결과 내신 한 등급이 수학능력시험 점수의 약 2.5점 정도였다. 수치상으로 보면, 수능 점수 25점만 상승시키면 내신 등급은 10등급이 상승된다. 이 책에서 제시한 공부 방법은 내신 등급을 올리는 것보다 수능 점수를 올리는 것에 더욱 초점을 맞추고 있다.

학교 공부를 충실히 하라는 의미를 담고 있는 것이 내신 제도일 뿐이다. 확대해석하지 말자. 내신 성적의 비중이 높아진다는 것도 한계가 있는 소리다. 학교 간의 학력 차이가 있는 것이 현실이므로 대학에서는 그것을 완전히 무시한 채 내신으로만 학생을 구별하지 못한다.

수능 성적은 좋으나 내신 등급은 하위권에 있는 학생과 내신은 하위권이나 수능이 상위권인 학생의 경우를 상상하면 대학의 선발 기준이 수능 쪽으로 기울어져 있음을 알 수 있다. 물론 둘 다 상위권인 것이 제일 좋다.

03 교과서대로 해라!

일반적으로 '교과서는 공부할 대상이 못된다.', '난이도가 낮고, 요약 정리되어 있지 않기 때문에 시간만 낭비한다.'고 생각한다. 이미 문제집이나 참고서에 요점 정리가 되어 있으므로 그것을 암기하는 것이 낫다고 생각하면서 문제풀이 위주의 교육을 선호한다. 주입식 교육, 문제풀이 위주의 교육이 최고의 방법이라고 생각하는 것이다.

현직에 있을 때의 일이다. 학년 초, 학부모와의 간담회 자리에서 한 학부모가 교과서는 언제쯤 끝낼 건지를 물었다. "가능하면 이른 시일 내에 끝내도록 하겠습니다."라고 말하는 것이 최선의 대답일 수밖에 없었다.

고등학교 3학년을 대상으로 해서 교과서의 사용 정도를 조사한 자료가 있다. 사용하지 않는 교과서가 한권 이상이라고 응답한 학생이 전체 조사 대상의 91.9%였다. 세권 정도 사용하지 않는다는 학생이 43.7%, 네권에서 여섯권을 사용하지 않는다는 학생이 22.3%, 일곱권 이상의 교과서를 사용하지 않는다는 학생이 25.9%였다. 우리나라 공교육의 현실을 적나라하게 보여주는 대목이다. 공교육의 붕괴라는 말이 당연하다.

좋은 성적을 받으려면 교과서부터 공부해야 한다. 교과서의 원리도 모르는 학생이 고득점을 노린다는 것은 모순이다. "교과서대로 하라!" 는 말을 상기할 때다.

04 족집게식 강의가 가장 유능한 강의다?

필요한 것을 스스로 찾아야만 진정한 의미의 두뇌 개발이요 창의력을 향상시키는 공부 방법이다. 족집게식 강의를 완전히 부정하지는 않는다. 다만 장기적인 관점에서 볼 때, 힘들더라도 학생이 직접 공부한 것이 성적 향상의 폭도 크고 이해력도 좋아진다는 것이다. 학원을 다니다가 그만두면 성적이 후퇴하는 것이 그 좋은 예다.

학생에게 필요한 것은 문제해결 능력이다. 스스로 탐구해서 문제 유형을 파악하고(탐구능력), 적합한 기초지식을 찾아 적용해서, 문제를 해결하는 능력을 길러야 된다. 이는 기본원리를 이해하고 지식을 활용해 스스로 문제를 푸는 과정을 반복해야만 생겨나는 것이다. 대학 신입생의 학력이 저하되었다는 말이 있다. 기본지식이나 탐구능력이 약해졌다는 말이다.

문제풀이 방법만 집중적으로 공부한 학생은 일시적으로 좋은 성적을 유지할 수 있을지는 모르나, 창의적인 문제풀이 능력이 배양되었다고는 할 수 없다. 문제풀이 기술은 스스로 공부하는 고통을 이겨내려는 생각을 없애는 역할을 한다. 미래에 학생의 재능이 발전할 가능성을 막아버리는 결과도 가져온다. 공부하는 고통으로부터 얻는 기쁨이 크다는 것을 알아야 한다.

05 영어, 수학 공부만 잘 하면 된다?

모든 교과서가 언어로 되어 있고, 그 내용을 이해하고 해결할 수 있어야 함에도 정작 독해력(언어능력)은 외면한 채, 영어, 수학 공부에만 매달려 있는 것이 우리의 현실이다. 그러나 모든 교과는 유기적으로 연결되어 있다. 영어, 수학만에 집중하는 경우는 들인 시간에 비해 그 효과가 단발성으로 끝나기 쉽다.

내가 가르친 한 학생은 영어, 수학을 따로 배우지 않았는데도 약 9개월 정도의 비교적 짧은 기간 동안 영어와 수학의 모의고사 점수가 약 4등급이나 올랐다. 독해력 향상에 힘을 쏟은 결과다. 사회탐구나 과학탐구 역시, 언어영역의 모의고사 점수가 70점 이상 되면 혼자 힘으로 거의 해결할 수 있다.

0**6** 가르침은 곧 강의다?

공부를 해야 하는 이유가 인격 함양(민주시민으로서의 역량 배양)에 있는 것이 확실한 이상, 학생이 자신을 감독하고 채찍질할 수 있는 능력을 길러주어야 한다. 생각을 올바르게 갖도록 해주어야 한다.

학생들에게는 올바른 판단력이 필요하다. 신문의 사설이나 평론보다는 칼럼을 읽게 하는 것이 오히려 좋다. 사설은 자기의 주장을 펼치는 것이지만 칼럼은 학문과 글쓴이의 연륜 등에 바탕을 두고 쓰는 글이므로 편협한 생각을 갖고 있지 않다. 오히려 상식을 넓혀 주는 역할을 한다.

누군가 단상 앞에서 "이렇다!"라고 결론까지 내려주는 강의만이 가르침의 다가 아니다. 진정한 공부는 스스로 하는 것이다. 내가 연구하고 습득한 나만의 "이렇다!"가 있어야 한다. 참지 못할 정도의 어려움도 있을 수 있으나 그것을 이겨내야 한다. 그 다음에는 크나큰 기쁨이 반드시 뒤따른다. 그것이 진정한 학문의 기쁨이다.

0**7** 선행 학습이 최고다?

과거와 현재의 학습 성취 정도가 우수한 학생이라면 선행학습이 득이 될 수도 있으나 성취 정도가 완벽하지 못한 상태에서 미래에 공부할 내용을 문제풀이 위주로 공부하면 문제해결 능력이 오히려 떨어진다. 선행학습을 너무 중요하게 여긴 나머지 학생들은 기본원리를 이해하고 탐구능력을 기르는 기본 수업을 외면하는 오류를 범하곤 한다.

현재 학년의 교과서나 문제집은 지난 학년의 학습내용을 전제로 만들어진다. 최상위 그룹에 속하지 않은 학생이라면 선행학습보다는 피드백을 활용한 복습 위주의 공부를 하는 것이 좋다.

08
남들이 다 하니까? 의타심을 극복하라!

참고서, 자습서, 컴퓨터, 학부모, 학교, 학원, 과외 등에 의지하여 그들이 중요하다고 강조하는 것만 수동적으로 암기한다. 정작 자신의 두뇌를 움직이는, 스스로의 노력이 요구되는 것이 공부인데도 남의 기준에서 중요한 내용만 기계적으로 암기하는 것이다. 그렇게 하지 않으면 마음의 안정을 찾을 수가 없다고도 한다.

학생들 중에는 "어디서부터 시작해서 어떻게 공부를 해야 되는지를 모르기 때문에 혼자서는 할 수가 없다."는 이야기를 한다. 또, 군이 성적을 올리겠다는 목적에서가 아니라도 다른 학생들이 학원에 가니까 그냥 가야할 것 같다는 갈대파들도 여럿 보았다. 많은 돈을 들여 놀이터에 가는 격이다. 이런 풍토에서 창의력을 찾는다는 것은 불가능하다.

　얼마 전 어떤 학부모에게 공부 방법을 개선시켜 보자는 제안을 한 적이 있었다. 그런데 그 대답이 너무 명쾌해서 어이가 없었다. "그 방법을 이해하고 전적으로 동의하지만 당장 학원을 끊으면 지금의 성적이 떨어질까 두려워서 그렇게 하지 못하겠다."는 것이었다.

　잘못된 이러한 인식을 이 책의 5과를 통해 확실히 바로 잡을 수 있을 것이다.

바람직한 학습자세를 만드는 **필요충분조건**

01 자신감을 가져라

공부에서 자신감과 끈기는 필수 요소다. 학교에서 진도를 나가며 학생들이 모르는 부분을 설명하는 것이 공부의 가장 기본적인 형태다. 이는 대부분의 학생들이 모르는 내용이다. 나에게만 힘든 내용을 설명하는 것이 아니다. 누가 얼마만큼 끈기 있게 공부하느냐가 문제다.

IQ나 EQ 등을 믿어서는 안 된다. IQ나 EQ를 측정하는 순간의 상황이나 분위기가 나에게 불리하거나 유리하게 작용했을 수도 있다. 유한한 인간이 신이 만든 오묘한 두뇌를 측정해서 수치로 나타낼 수 있다고 믿는 것 자체가 모순이다. 다만 한 가지 확실한 것은 자신을 믿고 사랑하는 사람에겐 한계가 없다는 것이다.

자신감은 있지만 성적은 오르지 않는 경우도 있다. 머리가 부족한 것이 아니고 공부하는 방법의 문제일 뿐이다. 모르는 문제 하나에 매달려 3~4시간 이상을 보내고도 좌절감을 느끼지 않을 수 있는 사람이 되어야 한다. 이는 공부를 잘하는 학생과 못하는 학생 사이의 큰 차이점 중에 하나다. 일반적으로 성적이 상위권에 있는 학생들은 자신을 강하게 긍정하고 있다는 것을 발견할 수 있다.

자신이 풀이한 내용이 틀린 것인데도 자기가 풀이한 것이 정답이라고, 선생님에게조차 우길 수 있을 정도의 강한 자기 신뢰가 있어야 한다. 선생님의 얼굴이 붉으락푸르락 해질 정도로 우길 수 있는 자신감과 배짱을 가져야 한다.

나 '도' 할 수가 있다가 아니라, 나 '는' 할 수 있다는 신념을 가져야 한다. 누구든 자신을 다른 사람과 비교하다 보면 항상 못난이라는 결론이 나게 되어 있다. 자신의 주변을 감싸고 있는 모든 것을 긍정하는 모습이 있어야 한다.

그러려면 우선 자신을 시험해보라. 수렴형 과목(수학, 사회, 과학)교과서(출판사는 무관함)의 특정 부분을 6과에서 시키는 방법대로 요약하여 참고서(출판사 무관함)와 비교해보라. 내용은 물론이거니와 그 순서까지도 일치할 것이다. 같거나 비슷하다면 "나는 나 혼자 힘으로 공부를 잘하는 사람으로 변한다." 고 믿어라. 혼자 힘으로 할 수 없는 것은 없다.

02
공책[空冊]; 비어 있는 책은 내가 만드는 소중한 책이다

모르는 것을 스스로의 힘으로 찾아서 공책에 채워야 된다. 나는 아는 것이지만 남이 모르는 것까지 넣을 필요는 없다. 스스로에 대한 긍지와 자부심을 가지고 조금씩 작성해 훌륭한 책으로 완성해가면 된다. 한달만 지나면 그 공책은 이 세상에서 가장 소중한 '내가 만든 나만의 책'이 되어 있을 것이다.

한 가지 유념할 것이 있다. 교과서를 정리하다 보면, 정리할 때는 마치 알고 있는 것처럼 느껴지는 경우가 있다. 그렇더라도 건너뛰거나 하지 말고 반드시 정리해야 한다. 참고서나 문제집 등을 만드는 사람을 생각해보자. 참고서를 만드는 사람은 교과서의 내용을 대부분 알면서도 그것을 체계적으로 정리한다. 나도 '나의 책'을 만드는 사람이니까 그렇게 정리해야 한다. 혹 정리하는 내용이 공부를 할 때 수시로 활용되는 내용이 아니더라도 들어가야 한다. 망각이 언제 발동할지 모르기 때문이다.

내가 지도한 학생 중에 노트 정리를 대충하는 학생이 있었다. 내가 목적한 대로 성적이 오르지 않았다. 꼼꼼하고 체계적인 노트 정리의 중요성을 일깨워주는 경험이었다. 특히 수렴형 과목의 경우 한번 틀린 문제를 또 틀리는 경우가 대부분이므로 그러한 문제들이 들어 있는 '나만의 책'은 중요하게 활용된다.

국어를 제외한 모든 과목에서 노트 정리를 시켜본 결과, 일정한 단계에 가면 노트 정리할 분량이 더 많아지지 않는다. 무난히 복습할 수 있는 양에서 머무는 것을 보았다.

(※ 여기서는 한자적 의미를 사용하기 위해 '공책' 이라는 용어를 사용했으나 책 전체적으로는 '노트' 라는 용어를 사용한다)

03 스스로의 감정은 스스로 조절하자

청소년기는 감정의 굴곡이 특히 심한 시기이다. 자신감이 넘치다가도 어느 순간에 그것이 좌절감으로 변한다. 자그마한 외부의 충격에도 크게 반응한다. 감정에 휩싸이면 이성은 무용지물이 된다. 이성이 바탕이 되었을 때 인간다움이 드러난다. 자기 나름대로의 감정 조절 방법을 연구해야 한다.

감정의 '질풍노도'는 자신에 대한 강한 긍정과 믿음으로 해소할 수 있다. 꿈을 가지는 것도 그 방법 중 하나다. 꿈과 자신감은 동전의 양면과 같다. 꿈이 있으면 자신감도 생기고, 자신감이 있으면 꿈도 생긴다.

그런데 이 꿈이라는 것은 수시로 변한다. 아니, 변해야만 한다. 어릴 때 대통령이 되겠다는 꿈을 가져보지 않은 사람은 없을 것이다. 그러나 꿈대로 다 되어서 모두가 대통령이 된다면 선생님은 누가 할 것인가. 남들은 이상한 꿈이라고 말하는 꿈이라도 상관없다. 꿈은 오늘의 삶에 보탬이 되는, 내일에 대한 목표점이다. 무엇보다 한순간의 절망이나 우울을 컨트롤할 수 있는 힘이 되어줄 것이다.

생긴 대로 놀아라

어머니라는 존재는 누구에게나 힘의 원천이요, 삶의 활력소가 된다. 어머니의 말 한 마디는 자녀의 운명을 좌우할 만큼 위력이 세다. 그런 어머니가 남과 비교해서 자녀의 희망을 꺾어서는 안 된다.

간혹 어머니들은 무심코 "우리 아이는 내성적이라서, 말주변이 없어서 큰 걱정이다.", "늦잠을 자서 큰일이다. 누구 아이는 새벽에 일어나서 공부를 하니까 성적이 좋다는데." 등의 이야기를 하곤 한다. 그런 소리에 현혹되면 절대로 안 된다. 어머니는 남들이 지적하는 자녀의 단점이 아닌, 자기 자녀만의 특징을 장점으로 이끌 수 있는 힘을 가진 사람이다.

자녀의 성격을 바꾸려고 해서도 안 된다. 내성적인 성격에 대한 걱정들을 많이 하는데 오히려 내성적인 사람일수록 심사숙고하는 경향이 강하다고들 하지 않는가. 일에 대한 추진력과는 또 다른 문제다. 성격을 바꾸려다 보면 또 다른 부작용만 생겨날 뿐이다.

원래 자기보다 나은 사람이란 없다. 상대적으로 남보다 일찍 깨치느냐 늦게 깨치느냐의 문제다. 공부 방법을 얼마나 빨리 확립하느냐의 문제다. 자신에게 맞는 공부 방법을 빨리 찾는 것이 성공의 지름길이다.

05
망각을 즐겨라

망각은 신께서 우리 인간에게 주신 가장 소중한 선물이다. 망각이 없는 세상을 한번 상상해보라. 성인군자도 없을 것이요, 이웃도 없을 것이다. 이 세상을 정상적으로 살아갈 수 있는 사람은 아무도 없을 것이다.

망각이 있기 때문에 노트가 필요한 것이요, 복습 요령이 필요한 것이다. 5과에 제시된 복습 요령을 충실히 실천하면 망각을 즐기는 여유를 가질 수 있다.

인간이면 누구나 가지고 있는 이 망각의 기능을 자신만 가지고 있다고 자학하면 안 된다. 망각의 정도가 심하다 해도 잘 살펴보면 다 이유가 있다. 이해를 못한 상태에서 암기를 하거나(읽기-이해-요약 정리-암기의 과정 중 하나라도 소홀하게 하면 안 된다) 이해를 충분히 하였더라도 많은 시간(약 1~2일 정도)이 흐른 뒤에 암기를 했기 때문이다. 이해를 한 후 2~3일이 지난 후에 암기를 시도하면 암기도 잘 안되거니와 설령 암기를 했더라도 빨리 잊어버리는 경우가 많다. 암기를 할 때는 교과서를 이해하고 노트 정리를 한 후에 1일을 넘기지 않아야 한다.

일상생활에서도 망각이 심한 경우도 있다. 그런 경우에는 집중력이 약하기 때문이다. 집중력과 암기력은 비례 관계에 있다. 독해력과 집중력도 그러하다. 독해력을 길러 보라. 틀림없이 전반적인 성적이 개선될 것이다. 6과에 제시한 국어 공부 방법(독해력 기르는 방법) 대로 하면 2~3개월 이내에 집중력과 암기력이 개선되었음을 스스로 느낄 수가 있게 된다.

저자는 암기는 바로바로 해야 된다는 사실을 학생들에게 가장 중요하게 주입시키지만 대부분의 학생들은 그것을 실행하는 데 있어서 게으르다는 것을 발견했다. '충분한 이해와 제때의 암기'가 향후 성적의 향방을 가른다.

06 공부의 주체는 나 자신이다 (스스로 학습법)

다른 사람의 도움을 받으면서 공부해도 최상위권으로의 진입이 힘든 것이 공부다. 그러니 피드백과 완전학습을 철저히 해야 한다. 이것이 혼자의 힘으로 최상위권에 진입하는 최선의 방법이다.

강사는 강의를 하기 전에 공부를 한다. '이것은 대부분의 학생이 알고 있을 테니까 이번 시간에는 저것을 집중적으로 설명을 해야겠다.'는 식의 생각으로 준비를 한다. 이는 강사 자신을 위한 공부다. 강사가 대부분의 학생이 알고 있을 것이라고 생각하고 설명하지 않는 부분을 '나'는 모를 수 있다. 알아듣지도 못한다. 질문을 할 기회도 많지 않다. 나의 돈을 들여서 남의 두뇌를 개발해준다고 생각해보라. 이 얼마나 통탄할 일이겠는가. 수동적이고 피동적인 공부 방식에서 과감하게 탈출해야 한다. 공부를 할 때는 '강사가 강의를 준비하는 자세'로 해야 한다.

시험장에 나 아닌 다른 사람이 대신하여 갈 수가 없다. 모든 시험 감독관의 첫째 임무가 본인 여부를 확인하는 것이다. 응시표에 있는 사진과 얼굴을 대조하고, 그래도 의심스러우면 대화를 통해 정확한 확인 작업을 거친다. 허튼 생각은 자신을 나약하게 만든다. '나'에게 실력이 있어야 되는 것이다.

그리고 이해가 되지 않는 것이 많이 있을 때는 반드시 과감한 피드백을 해야 한다. 우리나라 학생들의 대다수가 과제물을 비롯해 공부를 할 때 편리하다는 이유만으로 인터넷 자료나 자습서의 내용을 베끼는 경우가 많다. 이는 공부가 아니라 글씨 연습에 불과하다. 심지어 초등학생은 어머니가 아예 대신하여 과제물을 해결해주기도 한다. 중1학생의 과외를 했을 때의 일이다. 문제를 스스로 해결하도록 했는데 어머니가 그것을 해결해주는 것이었다. "귀한 자식일수록 매로 키워라."는 말을 되새겨야 한다. 부모나 교사, 인터넷이 학생을 대신하여 시험을 봐줄 수는 없다.

교육의 궁극적인 목적은 학생의 두뇌개발이다. 스스로가 열심히 공부하다 보면 자신도 모르게 창의력이 길러지고, 응용력도 생겨나서 모든 학생이 두려워하는 논술까지도 쉽게 할 수 있게 될 것이다.

07
파도타기를 하자

먼저 3년간의 공부를 계획해야 한다. 국어의 기본인 독해력을 어떻게 기를 것인가, 수학 교과서와 문제집을 몇 학년에 완성할 것인가 등의 계획을 세워야 한다. 중간 중간 계획의 수정은 불가피하겠지만 가능하면 그 계획을 지키려는 자세가 필요하다.

늦어도 2학년 겨울 방학 전까지는 수학 I 까지든 수학 II 까지든 완성해야 한다. 사회 또는 과학은 2학년 겨울 방학 때까지는 완성단계에 들어가야 한다. 그래야 3학년 때가 되서는 노트를 완전학습하면서, 모의고사나 학교시험 등을 오답노트 하는 정도의 여유를 부릴 수 있다.

그 다음에는 1년, 학기별 순으로 계획의 시간단위를 줄여가며 계획을 더욱 세밀화 한다. 나아가 매월별 공부 계획도 필요하고 매일 공부하는 계획도 필요하다. 이 계획들은 자신을 채찍질할 수 있는 시간표가 되어줄 것이다.

Check

파도타기 하는 요령

여기서는 학기단위로 설명하겠다. 먼저 국어, 영어, 수학(이하 국영수) 위주의 공부를 한다. 사회나 과학 등 비중이 상대적으로 약한 과목은 주말을 이용해서 공부를 해도 좋고 격일로 해도 좋다. 국영수의 진도를 빠르게 나가야 한다. 학교에 따라서 교과서의 앞부분과 뒷부분을 동시에 나가는 과목도 있을 것인데, 그럴 때는 학생이 학교를 따라갈 수밖에 없다.

중간고사나 기말고사 직전(약 10여일 정도)에는 국영수의 진도를 멈추고 복습만 하면서 다른 과목들을 집중적으로 공부한다. 이때 국영수의 진도는 이미 시험 범위를 초과해 있어야 한다. 사회나 과학을 공부할 때 자신이 공부한 부분을 두번 다시 보지 않아도 될 정도로 완벽을 기해야 한다. 노트정리도 마찬가지다.

중간고사나 기말고사가 끝나면 다시 국영수의 진도를 나간다. 진도를 나가기 전 2일 정도는 복습을 하는 것이 좋다. 앞뒤의 내용이 연결되며 앞으로 나갈 부분의 내용을 이해하는 데 도움이 되기 때문이다. 이미 진도를 나간 부분에서 노트를 위주로 하여 복습하면 된다. 한마디로 한번 본 것은 잊지 말라는 의미다.

방학 때는 시간을 대폭 늘릴 수 있으므로 영어와 수학의 진도를 빠르게 한다. 특히 수학은 학생들의 시간을 너무 많이 빼앗은 과목이므로 사회나 과학을 공부하는 것을 한 학기정도 미루는 것도 좋다. 국어는 방학이라고 구태여 시간을 늘릴 필요까지는 없다.

자기 관리를 하자

앞으로의 계획을 거창하게 세우면 안 된다. 너무 거창하게 세우면 어느 날 "나는 이런 것만은 할 수가 없어"라는 생각이 들게 된다. 원점으로 돌아가고 마는 것이다.

계획만 세워놓고는 친구들과 마음껏 놀다가 집으로 돌아오면 꾸지람만 늘 뿐이다. 그제야 책상 앞에 앉아서 계획을 실천하려 하지만 이미 시간이 모자라 실현 불가능하다는 것을 깨닫는다. 결국 "나는 어쩔 수가 없는 녀석이야"하면서 좌절감에 빠져서 스스로를 비하시키고 만다. 하루하루를 규칙적으로 보내는 것이 중요하다.

운동을 하는 것도 좋다. 그러나 운동이 주가 되고 공부는 객이 되는 형식으로 되면 안 된다. 운동은 스트레스를 해소할 수 있는 정도의 선에서 그쳐야 한다. 운동을 하고 나니까 잠이 온다는 식이라면 말 그대로 '주객전도'일 뿐이다.

나는 여러 부류의 학생을 보았다. 학교에서 하는 공부 시간을 제외하고, 하루에 2시간밖에 공부가 안 되는 경우도 있었고 중학생인 경우 하루에 1시간 정도밖에 못하는 경우도 있었다. 이런 학생들의 하루 공부 시간을 늘리는 데 걸리는 기간은 매우 길었다. 이 학생들은 2~3개월에 약 30분 정도씩 늘려 나갔다.

실천하기 어려운 계획으로 무리하지 말고, 부담이 없는 정도로만 세우면 된다. 그 계획에 따라 이 책에서 제시하는 방법으로 공부하면 3~4개월, 늦어도 6개월이 지나면 점수 차이를 확인힐 수 있을 것이다.

09 | 신체 바이오리듬을 최대한 높여라

신체 바이오리듬

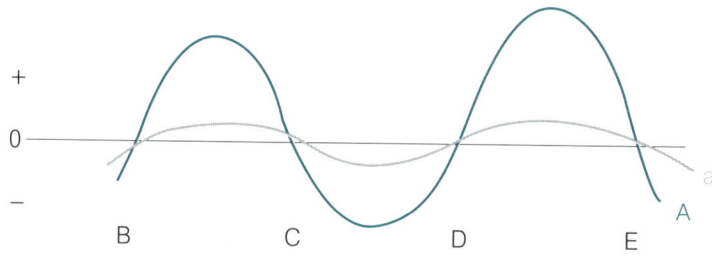

위의 그림에서 A선은 신체 바이오리듬의 굴곡이 매우 크다. 반면 a선은 굴곡이 작다. 이럴 때 B와 C사이가 1시간이라고 가정하면 A곡선에 있는 사람은 A곡선과 a곡선 사이의 공간만큼 효율적인 공부를 할 수가 있다. 독해력을 길러 집중력을 끌어올리고 최상의 컨디션에서 공부를 하는 것이다.

남을 따라하는 것은 좋지 않다. 다른 학생이 새벽 공부를 하니까 나도 새벽 공부를 해야겠다는 생각은 생체 리듬의 심각한 불균형을 초래해 오히려 학습 능력을 떨어뜨린다. 자신이 피로하다는 느낌이 들지 않을 정도의 수면은 취해야 한다. '사당 오락(네 시간 자면 대학에 붙고 다섯 시간 자면 떨어진다)'이라는 말은 개인의 신체적 특성을 무시한 말이다. 잠을 많이 자야 되는 사람이 있는 반면, 적게 자도 되는 사람도 있다. 자기의 신체적 특성에 맞는 정도의 잠은 꼭 필요하다. 휴식을 적절히, 그리고 지혜롭게 활용할 수 있어야 한다. 그러나 자칫 잘못하여 신체 바이오리듬이 흐트러질 정도로 놀아서는 안 된다.

내 정신이 새벽에 맑은지 저녁 늦게까지 맑아 있는지는 학생 본인이 판단해서 결정할 일이다. 올빼미 형이면 밤늦게까지 공부하라. 수업시간에 졸릴 정도만 아니면 된다. 잠은 쉬는 시간을 이용하여 보충할 수 있다. 잠보라는 별명이 붙을 정도라면 차라리 잠을 자라. 스스로가 집중이 제일 잘 되는 때를 효율적으로 이용하는 것이 가장 좋은 공부 방법이다.

운동을 하는 사람이라면 이 바이오리듬을 깨지 않는 범위에서 운동을 즐겨야 한다. 이는 운동선수에게도 해당된다. 이 리듬이 파괴되면 다친다든지 해서 신체적으로 무리가 오는 것이다.

신체 바이오리듬이 + 상태일 때 집중력을 발휘해 공부하면 된다. 위의 그래프에서 신체 리듬이 C와 D사이에 있을 때는 휴식을 취하든가 잠을 자는 것이 현명하다. 억지로 하는 공부는 그저 시간 때우기일 뿐이다. 시간의 양보다는 공부의 질을 높이려는 연구를 스스로 해야 한다. 공부는 신체 바이오리듬을 최대로 끌어올린 상태에서 하면 된다.

이것만은 기억하자

❋ '내' 가 모르는 것을 선생님이나 나보다 공부를 월등하게 잘하는 아

이에게는 절대로 묻지 말자

'내' 가 모르는 것을 선생님이나 나보다 공부를 월등하게 잘하는 아이에게 묻는 순간에 이미 나의 마음속에는 연구하려는 자세나 창의적인 자세가 소멸된다.

나와 점수차가 거의 없는 학생(약간 못하는 학생 포함)에게 물음으로써 상호 간에 그 문제를 서로 연구하는 자세로 변한다. 나보다 매우 잘하는 학생이나 선생님에게 물을 때는 나의 이해력이 그들의 수준에 있는 것처럼 행동할 수밖에 없기 때문에 연구하는 자세가 되지 못한다.

누구나 모르는 문제에 대하여 학교나 학원 선생님으로부터 설명을 들은 후에 집에 와서 그 문제를 다시 풀려고 했을 때 마음대로 풀리지 않았던 경험이 한번쯤 있을 것이다. 연구와 완벽한 이해가 되지 않은 결과이다. 그리고 틀렸던 문제는 항상 모르는 문제로 남아있는 경험도 있었을 것이다.

이러한 문제들은 학생들이 가장 괴로워하는 부분이기도 하다. 6과에 제시된 학생들의 수학 노트를 봐도 그것을 확인할 수 있다. 틀렸다는 표시가 하나도 없는 문제가 있는가 하면 어떤 문제는 틀렸다는 표시가 많이 붙어 있다. 스스로 연구하려는 자세, 이것이 공부할 때 가장 중요한 내용이다.

* 입시 제도나 측정 방법이 바뀌는 것을 두려워하지 말자

시험이라는 것은 모두 교과서를 기초로 출제된다. 원리를 알고 있는가를 묻는 것이 시험이다. 난이도는 어떤 방법으로 변형했는가, 혹은 얼

마만큼 응용했는가의 문제일 뿐이다. 무슨 과목이든지 개념을 정확하게 알면 측정 방법은 문제가 되지 못한다. 이것이 이 책을 만들게 된 동기 중의 하나이기도 하다.

✿ 모든 과목은 모두 언어로 되어 있다는 것을 깨닫자

국어, 영어, 수학, 사회, 과학, 음악, 미술 등 언어를 사용하지 않은 교재는 없다. ×, ÷, #, 𝄞, ⌒, 부호, 그림 등도 모두 언어다.

독해력은 곧 전체 과목의 실력이다. 말귀를 알아들어야 이해를 할 수 있는 것이다. 이해가 없는 공부는 시간 낭비다.

나는 독해력을 길러 줌으로써 중·고등학생의 성적이 엄청나게 향상되는 것을 목격하였다. 이 책의 6과에서 독해력을 기르는 구체적인 방법을 제시해놓았다.

교과서를 바라보는 비뚤어진 시각 바로잡기

01
교과서는 창의력의 원천이다

모든 공부는 기본원리를 아는 데서 출발한다. 기본원리를 아는 것은 인간의 두뇌를 개발하는 동시에 창의력을 개발하는 수단이다. 그것은 교육의 궁극적인 목표이기도 하다.

교과서를 정독해서 그 내용을 충분히 이해해야 한다. 요약된 부분을 암기만 하는 공부는 진정한 공부가 아니다. 외국에서 우리나라 유학생들이 다른 나라 학생에 비해서 상대적으로 창의력이 부족하다는 평가를 받는다. 그 원인을 우리나라의 교육 방법에서 찾을 수 있다. 우리나라 교육의 초점이 원리를 이해하고 그것을 적용할 수 있는 능력을 기르는 데 있지 않고 입시와 얽히며 미묘하게 뒤틀려 문제풀이 기술자만을 생산하기에 급급하게 되어 버린 결과다. 외국에서 우리나라 학생의 실력을 과소평가 하는 것은 어쩌면 당연한 일이다.

문제풀이나 암기 위주의 교육은 오히려 인간의 사고력을 위축시킨다. 간단한 예를 들어 보자. 초등학교에서 동일한 문제를 "9에서 4를 빼면 그 답은 얼마인가?" 라는 방법과 "9-4=" 이라는 방법으로 물었을 때, 우리나라 학생의 대다수는 후자보다는 전자가 더 어렵다거나 학교에서는 풀어주지 않았다고 반응할 것이다. 창의력 부족 현상이요 주입식 교육, 문제풀이 위주 교육이 빚어낸 결과다.

기본기가 잘 닦여 있지 않은 축구 선수를 생각해보자. 우선 감독이 기용을 하지 않을 것이다. 설령 감독이 기용을 했다고 하더라도 반칙을 하는 데 여념이 없다가 결국에는 퇴장당하고 말 것이다.

공부도 마찬가지다. 우리는 변칙이 작용하면 "교과서대로 하라."는 말을 쓴다. 정석을 추구할 때 변칙도 사용할 수가 있다. 정석을 모른 채 변칙만 고집하다 보면 어설픈 사람이 되는 것이다. 교과서는 공부의 근본으로 창의력도 결국 교과서에서 비롯된다.

02 교과서는 가장 과학적이고 체계적인 교재다

수학에서 사칙을 모르면 분수를 할 수 없고 분수를 모르면 중학교 과정의 수학을 할 수가 없다. 사칙을 모르는 중학생에게 중학생이라는 이유만으로 분수를 강의해보라. '소귀에 경 읽기'가 되고 말 것이다. 마찬가지로 중학교 과정을 모르면 고등학교 수학을 할 수 없다.

영어는 중학교 1학년부터 고등학교 영어2까지 각 교과서가 12과씩으로 구성되어 있다. 각 학년의 12과는 또다시 3단계 정도의 난이도를 가진다. 영어 교과서의 내용도 일상적인 내용을 비롯해 예체능이나 시사에 관련된 전문적인 내용까지 다양하다.

사실 고등학교 영어2 교과서까지 완전학습이 이루어진 학생이라면 토익이나 토플도 혼자 힘으로 공부 할 수 있어야 한다. 고등학교 3학년까지 정상적으로 학습 활동을 한 학생이라면 혼자서도 외국의 원서를 자유로이 읽고 요약할 수 있어야 한다. 외국에 어학연수를 가지 않아도 회화를 원활하게 할 수 있어야 한다.

우리나라에서는 소위 명문대학을 자처하는 대학의 학생들이 토익이나 토플을 공부하기 위해서 학원을 찾는다. 소위 대학생이라는 사람이 돈 들이고 시간 낭비하면서 학원에 가는 것이 전혀 낯설지 않고, 참고서를 최상의 공부 대상으로 삼는 것이 오늘날 대한민국 교육의 현실이다. 부끄러운 일이다.

공부하는 방법은 뒷전인 채 교사들은 "나는 이런 문제도 풀 수 있는 유능한 사람이다."라는 자기자랑에만 빠져 있는 것이 우리 교육계의 모습이다. 공교육이 무너졌다는 소리가 마냥 헛소리만은 아닌 것이다.

국영수는 물론이거니와 사회나 과학 등 모든 과목은 중학교 과정이 고등학교 과정의 70%를 차지하고 있다. 교과서는 체계적인데 반해 우리 학생들이 공부하는 모습은 과학성이나 체계성과는 거리가 멀다. 교과서를 바탕으로 한 공부 방법이 자리 잡아야 한다.

예를 들면 2과에 잠깐 언급되었고 6과에서 보다 상세하게 설명될 노트 정리가 하나의 방법일 수 있다. 한번 배운 것이 영원히 머릿속에 남아 있으리라고 생각하면 안 된다. 노트정리의 습관과 그 내용을 수시로 보는 습관을 길러야 한다. 우리 인간에게는 망각이라는 것이 존재한다. 설명을 듣는 그 순간에는 모두를 이해한 것 같은 착각에 빠지게 되나 그 다음날에 다시 풀어보면 많은 양이 풀리지 않는 것을 학생들은 이미 수차례 경험했을 것이다. 교과서를 통해 한번 공부한 부분은 두번 다시 보지 않아도 되도록 완벽하게 노트에 정리해야 한다.

03 | 부교재(문제집, 참고서 등)는 교과서가 그 뿌리다

교과서는 학생의 분석력, 비판력, 조직력, 종합력, 문제 해결력, 창의력 등을 골고루 향상시킬 수 있도록 국가에서 과학적으로 만든 교재이다. 시중에 있는 참고서들이 교과서의 기본이론을 벗어나서 만들어진 것을 보았는가? 참고서는 반드시 교과서를 바탕으로 만들어진다.

그렇다고 문제집을 완전하게 부정하고 교과서만을 봐야 한다는 것은 아니다. 문제집은 어디까지나 '부' 교재로 보다 심도 있는 공부를 위해서 필요한 것임을 제대로 인식할 필요가 있다. 교과서를 통해 기본원리를 확실히 알고 난 후에 보라는 뜻이다.

어학계열(국어, 영어 등)을 제외한 모든 교과서를 직접 요약하고 정리한 다음 참고서나 문제집의 내용과 비교해보라. 출판사를 불문하고 90% 이상이 내용이나 순서, 설명 방법까지도 같음을 발견할 수 있을 것이다. 이처럼 시중에 나도는 참고서나 문제집의 근원은 바로 교과서로 모든 참고서의 목차와 그 속에 요약되어 있는 내용은 교과서의 내용과 일치한다.

문제집별 문제 내용도 80% 이상이 같다. 특정 문제집의 개성을 살린다는 차원에서 색다른 문제가 몇개 들어 있거나 묻는 방법을 조금씩 달리했을 뿐이다. 다만 수학의 경우, 난이도의 차이가 있으므로 예외적인 면도 있다. 그러나 수학이라도 같은 난이도의 문제집이라면 비슷하기의 정도는 높아진다.

여기에서 "교과서 요약 정리 내용과 참고서의 내용이 같다면 굳이 시간 낭비하면서 교과서를 요약 정리할 필요가 있는가? 참고서 등의 것을 암기만 하면 되지 않는가?"라는 반문이 생길 것이다. 이처럼 학생들은 교과서보다 정리가 잘 된 참고서를 선호한다. 편리하고 시간도 절약 된다고 믿는다. 그러나 교과서를 요약 정리하는 것과 주어진 내용을 손쉽게 보는 것과는 엄연히 다르다. 자신의 힘으로 교과서를 요약정리한 후에는 암기도 쉽고, 내용도 머릿속에 오랫동안 남아 있게 된다. 남이 요약해 놓은 것을 단순히 암기하면 창의력도 길러지지 않을뿐더러 암기도 잘 되지 않고, 설령 암기를 했더라도 쉽게 잊어버린다. 머리를 움직이지 않는 공부는 공부가 아니다. 문제해결 능력이나 창의력을 기르려면 교과서를 완전하게 정복하는 수고로움 정도는 견딜 수 있어야 한다.

04 교과서를 포기하면 교육은 거꾸로 간다

교과서의 출판사가 다양하다보니 대부분 그 내용도 많이 다를 것이라고 생각한다. 그러나 사실 그 내용이나 내용의 순서는 대부분 같다. 아니, 내용이나 순서가 같아야 한다. 국가가 학생 전체를 대상으로 하는 중요한 시험들 중 그 중심에 대입을 결정하는 수능이 있기 때문이다. 또, 어쩔 수 없이 전학을 해야 하는 경우도 있다. 그러니 순서가 일부 바뀔 수는 있으나, 그 내용은 같을 수밖에 없다. 선생님의 강의내용이 교과서보다 그 범위가 조금 넓어지기는 하지만, 그 정도는 첨삭 노트를 통해 충분히 극복할 수 있다.

일반적으로 한권의 교과서는 1년간 가르치도록 되어 있다. 그러나 언제부터인가 교사들은 교과서를 대충 훑어 주고 얼른 문제집을 다루어야만 유능하다는 말을 듣기 시작했다. 보충수업 시간은 물론이고 정규 수업 시간에까지 문제집을 들고 들어가야 유능한 교사로 인정받는 시대가 되었다. 학부모 사이에서도 교과서를 다루면 아직도 교과서만 다루느냐, 우리 선생님은 너무 게으르다는 반응이다. 통탄할 일이다.

수업 시간에 문제집으로 공부를 하는 모습을 상상해보라. 기본이 되어 있지 않은 학생들에게 고난이도의 문제를 설명한다. 과연 그 내용을 이해하고 알아들을 수 있는 학생이 몇 명이나 되겠는가? 중하위권 학생들은 불평도 한 마디 못한다. 불평하면 공부를 잘하는 학생이나 선생님으로부터 핀잔을 듣는다. 학교 수업은 상위권에 있는 일부 학생들을 위한 잔치로 끝나 버린다. 이러한 '그들만의 잔치'에 들어갈 수 없는 다수의 학생들은 학교의 정규 교과를 배울 기회를 박탈당한 채 학원이나 과외를 찾게 된다.

교과서 내용을 충실하게만 다룬다면 문제집은 학생 혼자서 충분히 소화해낼 수 있도록 만들어져 있다. 정상적인 학생임에도 그것이 안 되는 것은 공부 방법의 문제다.

학교는 공부만을 가르치는 곳이 아니다. 학생의 지덕체를 골고루 길러 보다 인간다운 삶을 살아가는 방법을 터득하게 만드는 곳이다. 이 학교에서 학생에게 무리가 가지 않는 범위에서 생활지도도 하면서 진도를 나갈 수 있도록 만든 것이 교과서다. 학교에서 교과서로 지식의 기본을 익히며 인성 교육도 제대로 받은 학생이라면 자기가 할 일은 스스로 해결한다. 부교재를 이용한 심화 학습 정도는 충분히 알아서 할 수 있게 된다.

현재 자신의 성적으로는 도저히 그렇게 될 수는 없을 것이라고 생각하면서 미리 포기하는 학생도 있을 것이다. 자식의 성적이 마뜩치 않아 막연한 생각으로 유학을 떠올리는 부모도 있을 것이다. 과잉보호의 결과, 공부는 엄마가 나를 대신해서 모두를 해 주는 것이라고 믿고 있는 학생도 보았다. 그럴수록 스스로를, 그리고 자식을 강하게 믿어야 한다.

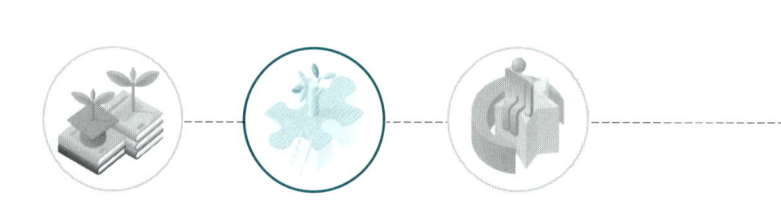

공부하는 자세와
기초실력의 중요성은 누구나 안다.
다만 그것을 다지는 방법을
몰랐을 뿐이다. 혼자서도 힘들이지
않고 기분 좋은 상태에서
공부 할 수 있는 방법,
그 해답은 **피드백이다!** Study

이론 편

4과

성적과 창의력을 높이는 공부법 터잡기

01

공부의 시작은 독해력이다

내가 지도했던 한 학생은 언어, 외국어, 수학의 모의고사 성적이 9개월 만에 6등급에서 언어와 외국어는 3등급으로, 수학은 2등급으로 급상승했다. 더욱 놀라운 것은 학원이나 과외를 통해 외국어나 수학을 따로 공부하지 않고 이루어낸 결과라는 사실이다. 다만 독해력을 증진시키는 공부를 했을 따름이다. 독해력의 힘이다.

독해력을 통해 수학이라도 문제가 요구하는 바가 무엇인지를 정확하게 알아낼 수 있다. 문제 속에는 어떤 공식을 활용해서 풀어야 하는지도 암시하고 있다. 그 암시하는 내용대로 문제를 풀어야 하는 것이다. 앞에서도 잠깐 언급했지만, 수학 문제를 산문 형식으로 풀어서 출제하는 것을 두려워하는 학생들이 있다. 이것이 바로 수학을 못하는 것의 원인인, 독해력의 문제이다. 모든 과목은 언어로 되어 있다는 사실을 깨달으면 독해력을 증진시키는 것이 얼마나 중요한지 알 수 있다.

또한 독해력과 점수는 비례관계다. 저자가 일선 학교에 있을 때, 국어 점수를 보면 그 학생의 개략적인 전체 성적을 짐작할 수가 있었다. 즉, 국어 점수가 상위권에 있는 학생은 전체적인 성적도 일반적으로 상위권에 있었다. 국어는 공부를 하지 않아도 금방 바닥권으로 곤두박질치는 과목이 아니다. 어지간히 공부를 해도 상승폭이 크지 않다. 그래서 다른 과목의 점수를 추측할 수 있는 것이다.

독해력이란 말귀를 알아들을 수 있는 능력이다. 모의고사 국어 성적이 평균 50점 이하인 고등학생의 경우, 일반적으로 국어과목의 점수 기복이 심하다. 30점대부터 60점대까지 널뛰기를 한다. 그 학생의 문제는 독해력 부족이다. 그 단계를 넘어서고 70점대의 고지에 도달하면 점수는 더 이상 널뛰기를 하지 않는다. 그렇게 되면 사회탐구니 과학탐구를 혼자서도 무난하게 해낼 수가 있게 된다.

6과의 내용을 통해 독해력을 기르는 방법을 상세히 설명해놓았다. 약 3개월이면 효과를 느낄 수 있을 것이다. 중학생의 경우에는 최상위권 학생이라도 독해력을 기르는 노력을 게을리 해서는 안 된다. 그 방법은 고등학생의 경우와 같다.

02 | 과목 유기체, 수학으로 국어를 공부한다

우리나라의 학생들은 영어와 수학만 잘하면 된다는 생각으로, 유능하다는 선생님의 가르침을 신봉하며 스스로를 문제풀이 기술자로 전락시킨다. 분명, 학원에 가는 것이 가지 않는 것보다 점수는 높게 나온다. 그러나 그 점수는 학원을 그만두면 이내 원위치로 되돌아오거나 하락하는, 진짜 실력이 아닌 단발적인 허상에 지나지 않는다. 그래서 학원을 그만두고 싶어도 그만두지 못하게 된다. 남으로부터 설명을 들으면 보다 중요하다고 인식시켜주는 것을 암기만 하려는 경향으로 흐른다. 불완전한 학습이 되는 것이다.

각 과목들 간의 관계는 살아있는 하나의 생명체와도 같다. 그 유기적 관계의 중심에 독해력이 있다. 중위권의 고등학생의 경우, 공부 방법을 그대로 둔 채 독해력만 높여 주어도 전체 평균 점수가 10점 정도는 쉽게 올라간다. 실제 한 중학생은 약 6개월 만에 국어, 영어, 수학, 사회, 과학의 평균 점수가 78점에서 96점으로 변하는 것을 보았다. 두뇌를 회전시킨 결과다. 영어, 수학, 사회, 과학 과목의 강의를 따로 조금도 하지 않고 나온 결과다. 바로 이것이 독해력의 위력이다. 말귀를 알아들을 수 있을 때 비로소 문제도 풀 수 있는 것이다. 특정 과목만 중요한 것이 아니라 모든 과목이 중요하다.

많은 학생들이 국어와 수학은 큰 관련이 없을 것이라고 생각한다. 그러나 수학 교과서나 문제집도 모두 언어로 되어 있다. 수학으로도 국어 공부를 할 수 있다. 이 책의 공부방법이 바로 그것이다. 제발 수학이라고 문제만 풀면 된다는 짧은 생각은 버려라. 교과서를 읽고 이해한 뒤 요약하고 암기하는 것이 우선이요, 문제풀이는 이후에 이루어지는 것이다.

과목들이 독해를 중심으로 한 유기체라고 해도 그 공부 '방법'은 엄연히 다르다. 국어의 경우, 독해 연습을 하되 주제나 요지를 찾는 연습을 할 때에는 처음부터 틀리게 할 수밖에 없다. 그리고 틀리게 하더라도 빠르게 해야만 정확도가 높아지면서 독해력이 순식간에 향상되는 과목이다. 반대로 수학은 처음부터 정확하게 해야만 신속도와 점수가 올라가는 과목이다.

여기서 기억해야 할 것은 이렇게 각 과목들의 특성을 살리면서도 머릿속에서는 항상 다른 과목과 연계시키려는 자세가 필요하다는 것이다. 모든 과목을 입체적으로 접근해야 한다. 윤리에서 왕권신수설을 배울 때 근현대사의 독재정권하의 시민과 민주국가의 시민을 떠올리면 이해가 더욱 잘 될 것이고, 이해를 수반하는 공부를 하면 암기 역시 상상이상으로 잘 된다.

우리 아이는 돌아서면 잊어버린다거나 우리 아이는 잘 잊어버린다고 불평을 하는 사람을 교육 현장에서 많이 보았다. 그러나 이해하는 것을 중요하게 생각하면서 공부를 시켜 본 결과, 잘 잊는다는 학생의 암기력이 매우 좋다는 것을 확인할 수 있었다. 이해를 수반하지 않는 상태에서 암기를 억지로 하면 암기도 안 되지만, 이해력도 떨어뜨린다.

또한 각 과목들의 내용을 통합교과적으로 연결시키려는 자세를 가져야 한다. 단순하게 음악과 논술의 관계만 생각해보아도 통합교과의 의미를 쉽게 알 수 있다. 예체능 과목의 내용이라고 해서 논술에서 제외시키지는 않는 것이다. 여러 과목의 내용이 논술 문제로 변형되어 출제되는 것이다.

03 과목별 특성에 따라 공략한다 (발산형과 수렴형)

발산형 과목이라는 말과 수렴형 과목이라는 말은 이 책에만 있는 말이다. 다소 생소한 느낌도 있겠지만 과목별 특성을 깊이 생각하면 이해할 수 있다. 다음은 발산형과 수렴형 과목에 대한 간략한 설명이다. 수렴형 과목과 발산형 과목은 공부나 노트정리에 있어 그 방법이 완전히 달라진다. 각 과목들의 공부 방법은 이 책의 6과를 참고하면 된다.

발산형 과목

발산형 과목이란 기본이론이나 원리를 알고 나서 보다 많은 양을, 보다 빠르게 공부해야만 실력이나 성적이 올라가는 과목을 뜻한다. 수렴형 과목에 비해 상대적으로 실력 향상에 힘이 많이 든다. 어학계열(국어, 영어 등)은 일반적으로 발산형 과목이다. 오답노트를 절실하게 필요로하지 않는 과목이기도 하다.

발산형 과목인 국어는 기본원리를 알고 난 후에는 다양한 내용의 많은 읽을거리들을 봐야 한다. 교과서는 기본이요, 교과서 외적으로 고전문(학), 시, 소설, 문제집의 지문 내용 등 그 종류만도 일일이 손에 꼽기 힘들다. 신문도 봐야 한다. 국내의 사정은 물론이거니와 세계의 흐름도 파악해야 한다. 말로만 글로벌 사회라고 하지 말고 생각과 행동도 글로벌 사회에 걸맞게 넓혀져야 한다. 신문에는 학습에 도움이 되는 칼럼, 사설, 비평 등 유익한 것들이 많이 있다. 복습을 할 수 있는 스크랩까지 신문의 활용도는 무궁무진하다.

그러나 같은 발산형 과목이라도 영어는 국어와 공부하는 방법이 다르다. 영어는 국어처럼 장르별 공부를 목적으로 하지 않는다. 외국인과 의사소통을 할 수 있도록 하는 것이 주된 목적이다.

수렴형 과목

수렴형 과목이란 그 과목의 기본 원리를 알고 난 후 문제풀이 위주로 공부하면 되는 과목이다. 노트를 완벽하게 정리하고 노트를 위주로 복습을 해도 되는 과목이다. 수능 머칠 전에 노트를 이용해서 그동안 공부했던 내용 전체를 복습만 해도 된다는 상상을 해보라. 수능 10여일을 앞두고 몇 년 동안 공부했던 내용을 2~3일에 한번씩 복습할 수 있고, 2일에 1회 정도씩 모의고사를 풀만한 여유가 있는(물론 모의고사의 오답노트는 필요하다) 공부 방법이다. 비어학계열(수학, 사회, 과학 등)의 모든 과목은 여기에 해당한다.

수학은 큰 테두리(기본원리)만 파악하면 그 테두리 안에서 깊이 있게 공부를 하면 된다. 오답노트가 반드시 필요한 과목이기도 하다. 원리를 이해하고 그것을 암기한 뒤에는 문제풀이를 하면 된다. 마지막에는 노트로 복습하면서 모의고사와 학교시험의 오답노트만 하면 된다. 수학교과서를 완성한 후에는 난이도가 높은 문제집과 낮은 문제집을 각각 한 권씩을 완전하게 정복한다.

사회와 과학 역시 수학과 마찬가지로 교과서를 완전하게 공부한 후에는 문제집을 한두권 정도만 보면 된다.

4
피드백으로 과목별 난이도를 조절한다

공부를 계속하다 보면 난이도는 조금씩 상승하게 되어 있다. 그러나 문제해결 능력도 같이 길러진다. 그 길러지는 만큼 자신감을 가지고 공부를 하면 된다. 실력이 향상되고 있는지를 스스로 확인하기는 어려우나 강한 용기를 가지고 이 책에서 제시한 방법대로 공부를 하면 가까운 장래에 향상된 점수를 확인할 수 있을 것이다. "내 점수는 언젠가는 반드시 오른다!"는 믿음을 가지고 거북이처럼 꾸준하게 하는 것이 무엇보다 중요하다. 스스로 하는 공부 진도와 학교 또는 모의고사 시험 출제 범위가 같아지면 누구라도 인정할만한 성적향상을 확인할 수가 있다.

피드백의 원리

공부를 하는 과정에서 내가 모르는 1%가 있다. 이것은 천방지축으로 날뛰며 내 갈 길을 가로막아 공부에 투자한 만큼의 결과를 낼 수 없게 만든다. 해서 공부에 대한 흥미와 의지를 꺾어 버리기도 한다.

피드백은 나에게 부족한 이 1%를 찾는 수단이 된다. 공부를 할 때, 내가 모르는 1%가 있는 곳까지 피드백해서 완전학습을 한 후에 다음 단계로 넘어가면 공부하는 것이 힘들지 않을 뿐 아니라 혼자서 해결하지 못하는 문제가 없게 된다. 이는 학원 등에 의지하지 않고도 쉽게 나의 성적이 상승될 수가 있는 첫걸음이며 최상위권으로 가는 가장 확실한 방법이다. 이 부분은 5과에 나오는 복습하는 요령과 완전학습 원리 등과 함께 병행하여 보면 이해가 더욱 쉬울 것이다.

우리나라에서 학습 방법에 대한 여러 가지의 책들이 간행되면서 공부를 하는 자세를 말하거나 기초실력의 중요성은 강조하여 왔지만, 그것을 해결하는 방법을 구체적으로 제시한 책은 없었다. 피드백이 그 해답이다. 피드백을 하면 혼자서도 힘들이지 않고 기분 좋은 상태에서 공부할 수 있다.

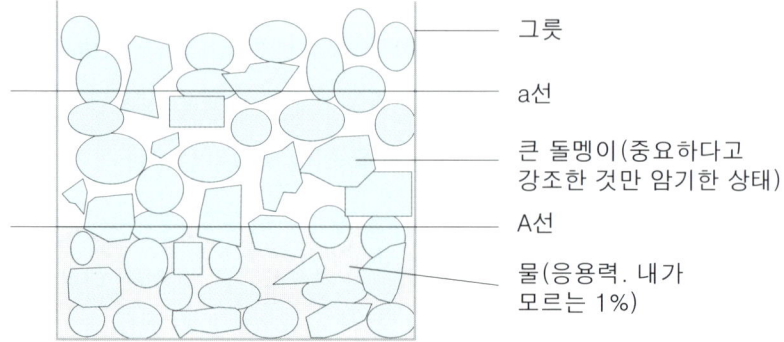

그릇

a선

큰 돌멩이(중요하다고
강조한 것만 암기한 상태)

A선

물(응용력. 내가
모르는 1%)

위의 그림에서 돌멩이들 사이의 빈 공간은 각 과목을 공부하는 과정
에서 완전학습이 되지 않은 곳 즉, 내가 모르는 1%다. 이러한 빈 공간은
교사 또는 참고서 등을 위주로 공부한 결과다. 교사가 중요하다고 강조
한 것(돌멩이)만 단순히 암기했기 때문에 응용력(물)이 생기지 않은 것
이다. 힘들더라도 자신이 능동적으로 공부를 해야 돌멩이들 사이에 물
(내가 모르는 1%)이 찬다. 응용력이 생긴다. 그림에서 보면 a선과 A선 사
이에는 물이 채워지지 않았고, A선 아래에는 물이 가득 차 있다. 이 A선
까지가 학생들이 피드백을 해야 할 곳이며 바로 완전학습이 이루어진
곳이다. 이 선의 높이는 학생 개개인마다, 그리고 과목마다 모두 다르다.
a선을 고등학교 3학년 수준이라고 봤을 때 한 학생의 A선이 중학교 1학
년이라면 그 학생은 중학교 1학년 수준까지는 피드백을 해야 한다는 뜻
이다.

공부를 해가는 과정에서도 수시로 피드백을 해야 한다. 의사가 환자

의 병을 정확하게 진단해야만 치료가 가능하듯이, 공부도 이 A선을 정확하게 지키는 것이 중요하다. A선까지 물이 확실하게 차 있다면 난이도를 약간 높인 문제를 출제해도 95점 이상은 나온다. 이러한 학생은 스스로 학습법을 적용할 수 있는 역량을 충분히 지닌 학생이다. A선까지의 기본 원리를 확실히 채운 학생이라면 이해를 못하거나 풀 수 없는 문제가 거의 없다. 혹시 모르는 것이 있으면, 바로 그 때 그 풀 수 없는 문제를 친구와 함께 연구하면 된다. 학교나 학원이 불필요해지는 것이다.

중학교 2학년 학생에게 피드백과 스스로 학습법, 무학년제, 완전학습의 이론을 실제로 적용시켜 본 결과 약 6개월 만에 국어, 영어, 수학, 사회, 과학의 평균 점수가 78점이던 것이 96점까지 오르는 것을 보았다. 영어, 수학, 사회, 과학 등을 따로 설명해주지 않은 것은 물론이다. 한 고등학생(인문계)은 수학 공부를 매우 힘들어하면서도 수학I의 '순열과 조합'까지 해낸 결과 약 9개월 만에 수학 성적이 6등급에서 2등급까지 치솟았다. 약 4등급이나 오른 셈이다. 국어와 영어는 3등급씩 올랐다.

05
공부에도 순서가 있다 (수렴형 과목에 적용)

✻ 1단계 : 교과서를 읽고 요약하고 정리하여 암기하기

교과서를 요약할 때는 소단원별로 한다. 교과서의 정리는 완벽하게

하는 것이 무엇보다 중요하다. 대충하면 성적도 오르지 않을 뿐만 아니라, 시간낭비만 한 채 교과서를 다시 공부해야 하는 경우까지도 발생하기 때문이다.

이 과정은 인간의 두뇌 개발을 하는 가장 기초적이며 핵심적인 단계이다. 남이 공부했던 것을 암기하는 것은 가장 어리석은 공부다. 요약과 정리의 수고 없이 그저 암기만이 위주인 공부는 벗어나야 한다. 스스로 정리를 마친 후 암기하는 것은 사고력, 판단력, 추리력, 논리력 등 모든 인간의 사고를 길러낼 수 있는 과학적인 순간이다.

✳ 2단계 : 교과서 문제풀기

문제를 풀 때도 소단원별로 하는 것이 좋다. 요약하는 진도와의 간격이 소단원 하나 이상 벌어지면 공부한 내용을 이해하는 데 지장이 생기므로 밀리지 말아야 한다.

피드백을 한 상태에서 개념을 정확하게 이해하고 나면 풀리지 않는 문제는 거의 없다. 개념을 정확하게 이해했느냐를 측정하기 위하여 문제를 만들어 놓은 것이지, 문제를 만들기 위하여 개념을 정리해둔 것이 아니다.

문제를 풀 때는 1회 풀어서 풀리지 않으면 올바른 노트정리법에 따라 반드시 노트에 정리하라. 그런 다음 복습하는 요령에 맞춰 공부를 하면 완전 정복이 된다.

✽ 3단계 : 난이도가 낮은 문제집 풀기

난이도를 갑자기 높이면 공부도 안 될뿐더러 힘만 빠지게 된다. 그러다 막연하게 학원이나 과외의 도움도 빌리고 싶어진다.

사실, 학원에 안달을 내는 것은 부모들이지 대부분의 학생들은 학원보다는 혼자 공부하기를 원하는 경우가 많다. 난이도를 정확하게 조정할 수 있다면 학생들의 생각이 옳다. 처음부터 무작정 어려운 문제만을 찾지 말고 난이도가 낮은 수준부터 마스터한다는 겸손한 생각을 가져야한다. 천릿길도 한걸음부터다.

문제집도 교과서와 마찬가지도 1회 풀어서 풀리지 않으면 노트에 정리하고 복습을 통해 문제집을 완전 정복한다. 혹시 노트의 분량이 너무 많아지는 것이 아닐까 걱정하는 학생이 있다면 그런 생각은 기우일 뿐이다. 복습하기에 알맞은 분량의 노트가 작성되는 것을 여러 학생을 지도하면서 확인하였다. 성적도 확실하게 상승한다.

✽ 4단계 : 난이도가 높은 문제집 풀기

이때부터는 풀리는 문제보다 안 풀리는 문제가 많다는 느낌이 들 것이다. 특히, 수학의 경우에는 공부를 포기하고 싶은 좌절감도 상하게 일어난다. 그럴 때는 조금 여유를 가져야 한다. 이미 작성된 노트를 다시한번 복습하면서 동시에 난이도를 한 단계 낮춰 공부를 한 후에 재도전할 수도 있다. 친구와 연구하는 것도 좋다.

무엇보다 용기와 끈기가 필요한 시점이다. 옆을 보면 절대로 안 된다. 바로 결과가 보이지 않는다고 공부를 포기하겠다는 극단적인 생각은 할 필요도 없다. 이 단계까지 왔다는 것 자체가 대단한 것이므로 스스로를 믿으면 된다.

이것 역시 앞의 경우와 마찬가지로 한번에 풀리지 않는 문제는 노트하고 복습을 한다. 이 단계가 되면 이미 대학수학능력 모의고사의 과목 등급이 1~2등급 수준에 이른다.

✳ 5단계 : 완전학습으로 마무리하기

완전학습은 각 과목의 공부 단계별로 적용되어야 한다.

이 책 5과와 6과에 상세하게 설명하고 있는 복습 요령을 실천하면 완전학습이 된다. 큰 물동이에 물이 차오르는 모습처럼 학생들의 실력이 쑥쑥 자라날 것이다. 상상만 해도 즐겁지 않은가?

5과

성적과 창의력을 높이는 공부법 다지기

01
과목별로 적용하는 '피드백'

피드백을 완벽하게 하고 나면, 모든 문제를 스스로의 힘으로 해결하는 스스로 학습법이 통한다. 그 과정에서 공부의 각 단계마다 최선을 다해 완전학습을 이룰 수 있다. 사실 피드백이나 완전학습, 무학년제 등과 같은 학습 이론은 거미줄처럼 얽혀 있기에 성질상 뚜렷이 분리해서 설명하기가 쉽지 않다. 그것들은 이 책을 읽는 과정에서 차차 이해해가면 된다.

영어와 수학을 혼자서 공부할 때는 피드백을 수시로 활용하면서 완전학습을 해나가야 된다. 국어와 사회, 과학은 영어나 수학처럼 공부를 하는 과정에서 피드백이 절실하게 요구되지는 않으나 그렇다고 쉽게 간과해서도 안 된다.

(※ 보다 쉬운 이해를 위해 6과와 연계하여 읽기)

🍀 국어, 독해력 향상의 주춧돌

국어는 학생들이 공부를 할 때, 무엇을 어떻게 해야 할지 잘 모르는 대표적인 과목이다. 문제만 풀면 되는지, 무작정 읽어야 하는지, 문법을 어느 정도까지 소화해야 하는지 딱 잘라 판단하기가 쉽지 않다.

국어가 독해력을 기르는 과목이라는 생각조차 학생들의 머릿속에는 없다. 그래서 대다수의 학생들이 그냥 여타 과목들처럼 문제풀이에 전념한다. 절대적으로 잘못된 생각이다.

국어의 근간은 독해력을 기르는 데 있다. 독해력은 전 과목에서 두루 쓰이는 기본지식으로, 무엇보다 국어의 기초이론과 깊게 연관되어 있다. 설명문과 논설문, 그리고 문학제재(시, 소설, 수필, 희곡, 평론)에 대한 기초이론들을 노트에 정리해서 '내 것'으로 만들어야 한다. 이런 것들은 초등학교 때부터 계속 언급되며, 중학교 1학년 1학기에는 완성되어야 할 내용이다. 중학교 1학년 1학기 자습서에 적나라하게 설명된 곳도 있을 정도다.

고등학생의 경우, 모의고사 언어영역 성적이 50점 전후이거나 그 이하인 학생은 수필집을 선택하여 독해연습을 하는 것이 좋다. 중학생은 성적이 상위권이라도 수필을 선택한다.

신문을 활용할 수도 있다. 신문의 칼럼은 대부분 사회적인 문제를 다루는 중수필이라고 볼 수 있다. 수필은 내용 이해에 있어 다른 장르보다는 상대적으로 쉽기 때문이다. 그렇다고 내용을 이해하기 어려운 글을 무조건 읽지 말라는 것은 아니다. 다만 어려운 글은 쉬운 글에 비해서 독해력이 길러지는 속도가 상대적으로 느리다.

약 3개월 정도만 지나 수필집은 싱겁다는 느낌이 오면 고등학교 학생용 언어영역 기초편을 추가하며 점차 상위권 학생들의 수준에 맞춰간다. 중학생도 마찬가지다.

성적이 상위권에 있는 학생은 설명문이나 논설문을 선택해도 무방하다. 그러한 글들의 모음집이 많지 않으므로 신문의 사설, 시사평론 등을 활용하면 된다. 다만, 한 가지 신문만 보지 않도록 유의해야 한다. 한 가지 신문의 사설만 계속 읽으면 생각이 한쪽으로 기울어진다. 인격이 아직은 미완성단계인 우리 학생들에게는 가장 피해야 할 사항이다. 다른 과목의 지문이나 언어영역 부교재에 나오는 지문들을 활용하는 것도 괜찮다.

'글로 상대방의 생각을 받아들인다(독해)'는 것은 나의 머리가 회전하고 있다는 증거다. 머리가 회전하고 있는 이상 독해력은 자연히 길러진다.

이러한 독해연습은 하루에 약 5분 정도씩 하되 '매일' 해야 된다. 신문의 경우, 스크랩해서 5회 이상 반복하면 먼저 했던 것과 더욱 확실히 비교할 수 있다. 같은 지문을 반복해서 읽는 과정에서 "내가 바보였구나." 하는 생각이 크게 들면 들수록 독해력의 향상 정도가 크다고 생각하면 된다. 생각의 격차를 확인하는 것이 독해력 향상의 자가 측정 수단이 된다.

문제집을 선택해서 공부할 때도 문제는 가급적 풀지 않아야 한다. 이는 발산형 과목인 국어만의 고유한 특징이다. 문제를 풀게 되면 점수가 어느 정도일까에 관심이 집중되고, 그러면 절대로 독해력은 늘지 않는다. 마땅한 글을 선택하는 데 어려움이 있기 때문에 문제집을 권하는 것이다. 같은 문제집은 3번 이상 보면서 먼저 했던 것과 비교한다. "하나의 사실에 대한 나의 생각이 이렇게 달라져 있구나."를 느끼는 것이 진정한 국어공부요, 독해공부다.

이 과정이 끝나면, 고등학교 언어영역 모의고사 성적이, 난이도가 큰 이상이 없는 한, 이미 2~3등급 대에 도달해 있을 것이다. 이런 과정이 완성되면 이제는 언어영역 실전편을 보거나 어려운 문제집을 봐도 힘이 들지 않는다는 것을 느낄 것이다. 다시 한번 강조하는 바, 국어는 절대 문제풀이 위주로 공부해서는 안 된다.

✿ 영어, 국정 교과서의 힘

같은 발산형 과목이지만, 영어는 국어에 비해 상대적으로 단순한 과목이다. 그러나 언어영역의 4대 분야인 말하기, 듣기, 읽기, 쓰기를 중심으로 공부를 해야 한다는 사실에는 변함이 없다.

우리나라의 영어 교육은 독해와 문법이 너무나 많은 분량을 차지하고 있다. 해석 위주의 공부가 주를 이룬다. 영어를 10년 이상씩 공부해도 회화를 못하는 근본 원인이 여기에 있다.

　문제집의 종류가 다양하게 쏟아져 나오는 듯 보이지만, 그것들은 지은이가 임의적으로 난이도를 조정한 것들이다. 읽기 위주나 말하기, 듣기 위주로만 묶인 다소 편협한 책들이 대부분으로 교과서에 비해 상대적으로 무책임한 면이 있다.

　우리나라 영어 국정 교과서는 체계적이고 과학적인 구성을 갖추고 있다. 난이도가 가파르게 오른다는 단점은 있으나 여타 문제집보다 그 내용이나 형식면에서 다양하다. 미국이 표준발음으로 인정하는 말하기와 듣기의 내용이 교과서에는 정확하게 실려 있다. 이런 자료는 나 몰라라 한 채, 시간과 돈을 들여 미국인들은 알아듣지도 못하는 동남아시아 등지로 어학연수를 떠나는 모습이 안타까울 뿐이다. 교과서는 읽기와 쓰기는 물론, 문법까지 아우른다. 국정 영어 교과서만 완전하게 정복하면 대학생들도 어려워하는 토익이나 토플 까지 혼자 힘으로도 얼마든지 좋은 성적을 거둘 수 있다.

　영어 공부를 할 때, 전체 페이지의 줄거리를 파악할 수 있으나 모르는 단어가 몇 개 정도 있는 부분이 피드백을 할 곳이다. 일반적으로 한 페이지에서 모르는 단어나 숙어가 7개 정도 이내인 곳이 가장 적절하다. 학생마다 영어에 대한 성취 정도가 다르기 때문에 피드백 위치는 개인별로 찾아야 한다.

　고등학생은 자신의 외국어영역의 모의고사 점수가 50점 전후라면 중학교 2학년 교과서까지 피드백을 해야 한다. 말하기와 듣기가 약한 학생은 중학교 1학년 교과서 듣기 내용을 통해 부족한 부분을 보충할 수 있다.

중학생은, 성적이 최상위권이 아니라면 시간이 걸리더라도 중학교 1학년으로 되돌아가 기초부터 완벽하게 마스터하는 것이 좋다. 고등학생에 비해 시간적 여유가 있는 중학교 때 피드백을 확실히 해두면 고등학교 공부에 많은 도움이 된다.

피드백을 확실히 했다면 영어가 너무 쉽다는 느낌을 받게 된다. 거기에서부터 말하기와 듣기, 읽기, 쓰기, 그리고 문법까지 혼자서 영어의 전 과정을 해낼 수 있는 힘이 생긴다.

쉽다고 생각이 드는 순간이 바로 스스로 학습법을 적용할 때이다. 굳이 학원에 갈 필요 없이 혼자서 쉽게 즐거운 마음으로 공부하면 된다. 피드백이 된 곳부터 복습과 함께 완전학습을 해나가면 "내 머리가 이렇게 좋은 줄을 미처 몰랐네!"라는 감탄이 절로 나올 것이다.

❋ 수학, 좌절감 극복의 길

수학은 학습 방법만 알면 가장 쉽게 완성할 수 있는 과목이다.

수학 교과서의 문제를 풀다가 풀리지 않으면 설명 부분을 재확인한다. 그것만으로 미흡하다면 다시 공부를 한다. 지금 하고 있는 것이 공통수학이면 중학교 3학년 교과서의 해당 부분을 공부하고, 수 I 이나 II라면 막힌 곳과 연결되는 공통수학의 해당 부분을 반드시 봐야 한다. 문제집에서 막힌 것이라면 교과서의 해당 부분을 보면 된다. 이도저도 안 될 때는 성적이 엇비슷한 친구와 연구한다. 친구하고도 연구가 되지 않을 때 비로소 선생님께 찾아가야 한다. 물론 바로 선생님께 질문하는 것이 가장 편리하고 손쉬운 방법이다. 그러나 실패처럼 보이는 이러한 단계들은 결코 시간낭비가 아니다.

일반적으로 10-나 교과서에 나오는 삼각함수를 혼자 힘으로 할 수 있으면 수 I 이든 수II든 무리 없이 할 수 있다. 그러나 삼각함수를 혼자서 풀 수 없으면 9-나를 반드시 봐야 한다. 수학도 영어처럼 쉽다는 느낌이 오는 곳까지 피드백을 하면 된다. 특히 풀 수 없는 문제가 거의 없는 곳까지 가야 된다.

고등학생의 경우 피드백 위치를 고등학교 1학년 수준인 10-가로 잡거나 중학교 1학년 수준인 7-가로 잡을 수 있다. 일반적으로 모의고사 성적이 4~5등급 정도면 10-가까지만 해도 되고 그 이하는 7-가까지 해야 된다. 7-가까지 피드백을 하면 공통수학이나 수 I 또는 수II 관련 참고서나 문제집 등을 잡고 씨름하는 것과는 비교도 할 수 없을 만큼 성적이 빠르게 상승한다. 수학은 다른 과목들보다는 상대적으로 기초 실력이 크게 작용하는 과목이기 때문이다. 중학생은, 성적이 최상위권 학생이 아니라면 중학교 1학년 1학기부터 피드백을 한다.

흔히들 교과서만 보면 되느냐는 의문을 가진다. 의문을 갖기 전에 믿고 실천해보라. 이는 이론적인 확신을 넘어서 교과서 피드백만으로 성적향상을 이룬 실제 사례도 보았기에 단언할 수 있는 것이다. 모의고사의 수학성적이 20~30점이던 고등학생이 중학교 3학년 교과서까지 마친 후에는 40점대(4~5등급)까지 올랐다. 공통수학의 내용은 중학교 3년 과정을 바탕으로 만들어지기 때문이다.

피드백을 한 다음에는 노트정리를 완벽하게 해야 한다. 이는 응용력과 창의력이 향상시키는 가장 빠른 방법이다. 동시에 국어(독해력)를 공부하는 효과도 발생한다. 이렇게 공부하면 혼자서도 충분히 최상위권에 도달할 수 있다. 알아듣지 못하는 내용을 학원이나 과외로 해결하려고 하는 것은 게 등에 소금을 뿌리는 것과 같은 이치다.

수학에서는 다른 과목에 비해서 좌절감을 느낄 수 있는 부분들이 많다. 그러나 확실한 피드백과 함께 노트를 적절히 이용하면 좌절감을 극복할 수 있다. 수학에 있어 학생들의 취약점 중 가장 큰 것은 한번 틀린 문제는 항상 틀린다는 것이다. 이 부분만 극복하면 성공한다.

✿ 사회와 과학, 중등 원리 고등 응용

사회와 과학은 내용면에서는 전혀 다른 학문에 속한다. 그러나 공부하는 방식에 있어 국어, 영어, 수학과 차이가 있을 뿐 두 과목끼리는 오히려 비슷한 면이 많다.

교과서의 기본 체계를 확인하는 것이 우선이다. 중학교용 사회, 과학 교과서가 사실을 알리는 데 초점이 맞추어져 있다면 고등학교 교과서는 중학교 과정에서 제시한 사실을 바탕으로 하여 원리를 찾아내고 응용하는 능력을 기르도록 되어 있다. 고등학교 1학년 사회와 과학의 공통과정 교과서는 중학교 3년 과정의 약 70% 정도를 포함한다. 또, 고등학교의 사회탐구 또는 과학탐구는 고등학교 1학년 공통과정을 기초로 하여 만들어져 있다. 그러니 중학교 과정을 뛰어넘고 고등학교부터 어떻게 해보겠다는 것은 있을 수 없다.

고등학교 1학년 모의고사 성적이 60~70점 정도라면 중학교 1학년 교과서부터 공부하는 것이 좋다. 최상위 성적을 이루고픈 학생이라면 에

누리 없이 그렇게 해야 한다. 중학교 과정을 공부할 때는 문제집 등을 볼 필요까지는 없다. 그러나 고등학교 교과서는 문제집과 병행할 때 더욱 높은 상승효과를 얻을 수 있다.

중학생은 90점이 넘는 성적이라도 국어를 공부하는 자세로 1학년 교과서부터 하는 것이 좋다. 국어 공부의 비문학 독해자료(글)를 쉽게 찾을 수 없기 때문이다.

앞서 4과에서 사회와 과학은 언어영역 점수가 70점 전후일 때 혼자서도 공부할 수 있다는 내용을 기억해보자. 모든 과목은 상호 의존적인 면이 있는 만큼 국어를 공부하는 자세로 하면 된다. 국어에서 독해력을 높이는 방법을 실천하다 보면 정독을 하는 기회가 많지 않다. 그 부분을 보완하는 자세로 공부를 해야 된다.

02 수업의 효율성을 높이는 '예습'

예습은 선행학습과는 분명히 다르다. 예습이 1~2일 후에 학교에서 배울 내용을 미리 공부해두는 것이라면 선행학습은 학기 단위 또는 학년 단위로 미리 배우는 것이다. 학년은 그대로인 채로 앞선 단계의 공부를 한다는 것은 부작용을 초래할 수도 있다. 학교 수업을 소홀히 할 수가 있다. 이미 공부한 내용들을 설명하고 있으니까 들을 필요가 없다는 생각을 하게 된다.

그러나 선행학습을 했더라도 예습은 필요하다. 누구도 피할 수 없는 망각이라는 존재 때문이기도 하지만, 예습을 하면 학교에서 선생님의 설명 내용을 취사선택 할 수 있게 된다. 선생님은 그 단원에서 필요한 원리를 설명하거나 범위를 더 넓혀서 설명하는 경우가 대부분이다. 그런 부분을 빠뜨리면 안 된다.

예습이라고 해서 혼자서 100%를 정확하게 알라는 뜻이 아니다. 그래서도 안 되고, 그럴 수도 없다. 내가 독자적으로 이해한 것과 이해하지 못한 것을 구별해두라는 뜻이다. 그래서 예습은 반드시 교과서로 하되, 자신이 공부한 내용은 틀렸을 수도 있다는 자세로 하는 것이 좋다. 학교 수업 시간에 내가 공부했던 내용과 선생님이 설명하는 내용을 항상 비교 분석할 수 있는 자세가 형성되기 때문이다. 수업 시간은 선생님이 설명하는 내용과 내가 이해했던 내용이 일치하는지를 확인하는 자리여야 한다.

내가 알고 있는 내용과 다르게 설명되는 경우가 있다면 질문을 해야 한다. 선생님도 인간인 이상 혹시 잘못 설명하는 경우도 있을 것이고, 내가 잘못 이해하고 있을 수도 있다. 분명한 것은 그렇게 질문을 해서 확인한 내용은 머릿속에 오래 남는다는 것이다. 수업 시간은 선생님이 설명하는 내용과 내가 공부했던 내용을 비교 분석도 하고 내가 바르게 이해하지 못했던 부분을 정확하게 이해하는 시간으로 만들어야 한다.

예습은 학교의 진도보다 너무 앞서면 안 된다. 망각으로 인해 이해한 것들을 잊어버린 상태에서는 선생님이 강의하는 내용을 취사선택하기 어렵다. 학생이 수업 시간 내내 긴장해 있는 것도 무리다. 피로도가 급격히 높아져 수업 능력이 떨어진다. 그러니 내가 이해하지 못한 부분들만 집중해서 들을 수 있어야 한다. 가벼운 마음으로 들으면서 내가 예습할 때 내용 중에서 애매한 것, 이해가 되지 않았던 부분, 이해하는데 시간이 오래 걸렸던 부분을 설명할 때 집중을 하면 된다. 이 또한 예습이 뒷받침되면 충분히 가능한 이야기다.

노트 정리를 예습에 이용할 수도 있다. 이 때, 노트 정리를 대충하거나 참고서류를 보고 베끼는 일은 절대 안 된다. 그것은 글씨 연습을 하는 것과 같은 것이다.

수업 중에는 필기에 너무 많은 관심을 두지 말자. 예습한 내용에서 없는 부분만 색이 다른 볼펜 등을 가지고 노트에 첨가하면 되는 것이다. 만약 빈 공간이 노트에 없으면 쪽지에 써서 붙이면 된다. 선생님이 설명하는 내용 중에는 노트에 정리되지 않은 것은 극히 일부분일 것이다. 대략 한 시간 남짓의 시간 동안 정리되지 않은 내용이 절대로 많이 나올 리 없다.

실제로 예습을 해보면 선생님이 설명하는 내용과 크게 다른 경우는 없다. 나만 공부하는 자세를 말하고 있는 것이냐.

03
과목별 완전정복을 이루는 '복습'

하루 공부시간의 약 40~50% 이상은 복습하는 데 써야 한다. 망각이 있기 때문이다. 공부를 처음 시작할 때는 복습하는 양이 많지 않지만 몇 달만 지나고 나면 복습할 양은 기하급수적으로 늘어난다. 그러니 항상 복습 위주로 공부 하며 진도는 거북이처럼 천천히 나가야 한다. 그리고 철저한 노트정리와 완벽한 암기로 불필요한 시간낭비를 줄여야 한다.

대부분의 학생들은 시험이 다가오면 문제풀이 위주로 공부한다. 하지만 문제를 많이 풀더라도 자기의 노트를 반복해서 복습하는 일은 빼먹지 말아야 한다. 철저하게 정리한 노트 속에는 없는 것이 없다.

구체적인 복습방법은 6과를 참고하면 되고 여기서는 복습을 하는 일반원리에 대해 잠깐 언급하겠다.

시간 일차	30분 – 복습 (과목별 공부 시간의 1/2)	30분 – 예습
1일차		– 각 교과목의 특성과 자신만의 공부 방법 및 내용을 근거로 공부하기 – 정상적인 진도를 나간다
2일차	1일차의 공부내용 복습하기	〃
3일차	1일차부터 2일차까지 복습하기	〃
4일차	1일차부터 3일차까지 복습하기	〃

복습 길라잡이 (1일 1시간 공부를 전제로 함)

5일차	1일차부터 4일차까지 복습하기	〃
6일차	1일차부터 5일차까지 복습하기	〃
7일차	1일차부터 6일차까지 복습하기	〃
8일차	1일차부터 7일차까지 복습하기	〃
9일차	2일차부터 8일차까지 복습하기	– 1일차의 공부 완성 – 각 교과목의 특성과 자신만의 공부 방법 및 내용을 근거로 공부하기 – 정상적인 진도를 나간다
10일차	3일차부터 9일차까지 복습하기	– 2일차 공부 완성 – 각 교과목의 특성과 자신만의 공부 방법 및 내용을 근거로 공부하기 – 정상적인 진도를 나간다

※ 시간은 편의상 설정한 것이므로 개인의 사정이나 과목별 중요도에 따라서 변화시켜도 무방하다.

위 도표를 자세히 보면 8일차가 되어야 비로소 1일차의 공부가 완성된다. 그렇게 9일차가 되면 2일차, 10일차에 3일차의 공부가 완성되는 것이다. 그리고 9일차부터는 그 이선에 완성된 공부 내용들을 한날 주기로 2~3회 정도 복습해준다. 토, 일요일을 활용해도 좋다. 복습양과 시간이 많아짐에 따라 상대적으로 진도가 느려지는 것은 당연한 일이므로 개의치 말고 꾸준히만 하면 된다.

복습을 하고 난 후에는 노트의 각 페이지 윗면에다 복습 표시(正자 등)를 해둔다. 다음번에 복습할 때는 노트의 아무 곳이나 펼쳐 보고 복습 표시 숫자가 작은 곳을 선택해서 복습하면 된다. 각 페이지별로 正의 표시 숫자가 10개만 넘으면 진도를 나갔던 모든 영역이 머릿속에 남아 있게 될 것이다.

영어와 수학 노트를 복습할 때는 시간을 따져야 한다. 시간을 생각하다 보면 어느 새 깜짝 놀랄 정도의 집중력이 생기게 된다. 그리고 그것이 국어에서 독해력 향상시키는 공부 방법과 연결되면 최상의 효과를 거두게 되는 것이다.

예를 통해 살펴보자.

노트 한 페이지 분량의 내용을 한글만 보고 영어로 쓰는 데 걸리는 시간이 약 1분 30초 정도이다. 이는 숙어와 단어만 썼을 때 걸리는 시간이다. 문장을 쓴 노트는 한 페이지를 쓰는데 4분 30초 내외가 걸린다. 이때 모르는 숙어나 단어, 문장이 3개 이상이 나온다면 그 페이지는 완전학습이 되지 않았으므로 다시 암기해야 한다. 영어로 쓰는 과정에서 조금만 머뭇거리면 2~3분 또는 10분 이상 시간이 흘러가 버린다. 이때도 완전학습이 되지 않았다고 진단하면 된다.

수학은 문제의 난이도에 따라서 다르기 때문에 한 페이지를 풀이하는 시간이 일정하지 않아서 영어와 같은 방법으로 시간을 따질 수는 없다. 그러나 정답을 가려 놓은 상태에서 문제 풀이를 하다가 거침없이 풀리지 않았으면 그 문제는 내 것이 되지 못한 문제라고 보면 된다. 그 문제에 풀지 못했다는 표시를 하고 복습을 해야 한다. 나중에는 풀지 못했다는 표시가 있는 문제를 중심으로 복습할 수도 있다.

04 | 확실히 정리해서 철저히 활용하는 '노트'

학생들의 대부분은 한번 본 책의 내용은 영원히 머릿속에 남아 있을 것이라고 생각한다. 그래서 두번 이상 보는 것을 싫어한다. 이는 100% 착각이다. 정확한 통계는 아니지만, 학생들이 학교에서 한 시간 동안 공부한 내용을 암기하고 있는 경우는 공부를 잘하는 학생이라도 10-20% 이내라고 한다.

이러한 착각을 버리고 공부내용을 확실히 머릿속에 집어넣기 위한 방법이 바로 노트정리다. 앞서 설명한 '복습' 에서도 노트는 복습을 위한 중요한 도구로 활용되었다. 노트에 대한 중요성을 확인할 수 있는 대목이다.

학교단위의 시험이든 국가단위의 시험이든 시험이 다가오면 그에 따른 문제풀이 위주로 공부 방법을 바꿔야 한다. 하지만 문제풀이 양이 늘어나는 것과는 별도로 노트를 활용한 반복 복습은 변함없이 이루어져야 한다. 노트가 잘 정리되어 있으면 2~3일에 한 번씩은 모든 과목, 모든 내용을 복습할 수가 있다. 수험생 중에서 시험일 식전에 모든 과목, 모든 분야를 복습할 수 있는 사람이 과연 얼마나 되겠는가? 잘 만든 노트 하나가 불가능할 것 같은 이 같은 일을 가능하게 한다. 제대로 만들기만 한다면 자신의 노트 속에는 없는 것이 없다는 사실을 기억하자.

노트에는 이해한 내용을 알아보기 쉽게 써야 한다. 자신만의 약어나 기호를 사용할 수도 있다. 그 기호는 기억에 도움을 준다. 교과서에 있는 내용을 노트에 정리한 후에는 교과서의 해당 페이지수를 적어두는 것도 좋다. 무엇보다 복습을 할 때 시간을 단축할 수 있다. 수학의 경우는 이 작업이 꼭 필요하다.

물론, 오답 노트도 해야 한다. 교과서의 내용을 확실하게 요약하면 틀린 문제의 내용과 일치하거나 비슷한 내용이 노트 속에 반드시 있다. 그러므로 오답 노트를 따로 만들 필요는 없다. 노트를 최대한 줄이는 것은 복습을 효율적으로 하는 데 도움이 된다. 예를 들어 과학과 사회의 노트를 정리할 때부터 오답노트를 할 수 있게 약간의 공간을 둔다. 그래도 부족하면 쪽지를 붙여서 쓸 수도 있다.

(※ 6과의 과목별 노트 정리에 대한 구체적인 방법과 사례가 설명되어 있으므로 참고하도록 한다.)

Check

오답노트를 하는 요령

교과서나 문제집에서 틀린 부분을 찾는다. 그 찾은 곳에서 모르고 있던 부분을 발견한다. "이 내용을 몰라서 틀렸구나!"하는 것을 찾아야 한다. 그러한 연구노력의 결과를 노트에 요약하여 정리하는 것이 올바른 오답노트 정리법이다.

대부분의 학생들은 오답노트를 하라고 하면 교과서나 문제집, 모의고사 등에서 틀린 문제의 글자하나 토씨 하나까지도 그대로 노트에 옮겨 적는다. 틀린 원인은 알 필요가 없다는 식이다. 심지어는 글쓰기가 귀찮으니까 아예 복사를 해서 오려 붙이기도 한다. 문제를 노트에 그대로 정리하는 것은 글씨 연습일 뿐이다.

5
완벽한 공부를 꿈꾸는 '완전학습'

완전학습은 공부를 하는 각 단계마다 이루어져야 한다. 교과서를 정독할 때, 노트를 정리할 때, 노트를 암기할 때, 문제집을 공부할 때, 오답노트를 할 때 등 매순간 완전학습이 이루어져야 한다.

앞에서 설명한 요령에 따라 피드백을 한 후에는 교과서를 노트에 정리한다. 노트에 정리한 모든 과목을 모두 암기하고 수시로 복습도 해야 한다. 노트의 어느 쪽 몇째 줄에 무슨 내용이 있는지 알 정도로, 문장에 쓰인 조사까지 틀리지 않을 정도로 확실하게 암기해야 한다. 쉽게 말해 이렇게 교과서를 정독하고 노트 정리한 다음에, 그 내용을 완전히 암기하는 것이 완전학습이다.

이해를 한 뒤에 암기를 게을리 하거나 뒤로 미루면 그 부분은 암기에만 두 세배의 힘이 더 들거나 아예 불가능할 수도 있다. 암기되지 않은 곳까지 반드시 피드백 해야 한다. 때문에 매일 과목별 공부 시간의 약 40% 이상을 복습하는 데 할당해야 하니 진도는 자연스럽게 느려지게 된다. 이떤 학생은 진도를 의식한 나머지 암기를 소홀히 했다가 암기는커녕 오히려 진도까지 더 느려졌다. 평소에는 모두를 암기해내던 학생이었는데 그때는 거의 두 배 이상의 시간을 쓰고도 약 70%정도만 암기할 수 있었다. 결국 합의하에 다시 피드백을 한 뒤에 비로소 모두 암기할 수 있었다.

완전학습이 이루어지지 않은 상태에서 무조건 앞서나간다고 좋을 것은 없다. 그건 부실공사일 뿐이다.

완전학습의 원리

완전학습의 원리

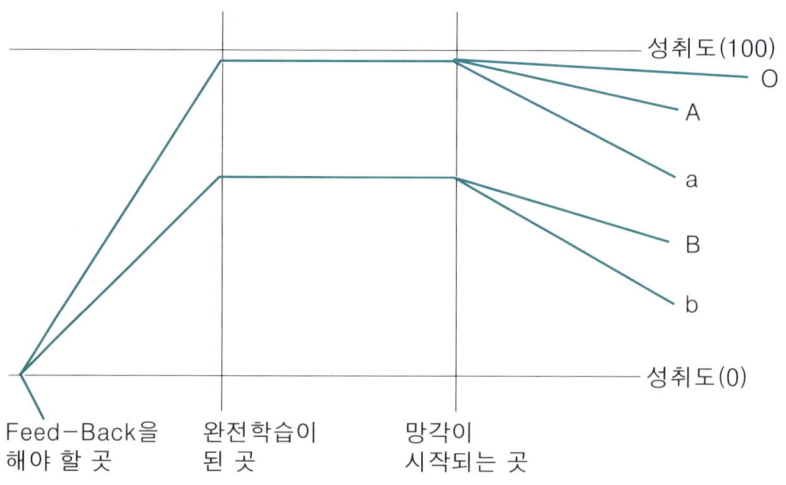

성취도(100)
O
A
a
B
b
성취도(0)

Feed-Back을   완전학습이   망각이
해야 할 곳   된 곳   시작되는 곳

　선O가 완전학습 곡선이다. 이는 가장 이상적인 상태의 이론일 뿐, 실천하는 데는 무리가 있다고 생각할 수도 있으나 이 책에서 제시한 공부 방법을 실천하면 이룰 수 있다.

　선A는 완전학습을 성실하게 실천하고 복습도 철저하게 한 학생의 성적 곡선이다.

　선a는 완전학습을 성실하게 실천했으나 그 후에는 복습을 게을리 하는 학생의 성적 곡선이다.

선B는 완전학습을 대충 하고 복습은 철저하게 한 학생의 성적 곡선, 공부하는 양에 비해서 상대적으로 성적이 오르지 않는 학생의 곡선으로 대부분의 학생이 여기에 속한다.

선b는 완전학습을 대충 하고, 그후에도 복습을 게을리 한 학생의 성적 곡선이다. 성적이 하위권인 학생의 곡선이다.

위의 그림에서 볼 때, 피드백을 정확하게 한 뒤에는 공부를 얼마나 꼼꼼하게 해야 하는가를 알 수가 있다. 선A와 선B 사이, 선a와 선b 사이의 공간이 완전학습 정도를 나타낸다. 이러한 공간이 없으면서 선O 곡선을 이루어야 공부다운 공부가 된 것이다.

완전학습이 이루어졌더라도 이제는 망각을 경계해야 된다. 망각을 막는 최선의 방법은 노트를 활용하는 방법뿐이다.

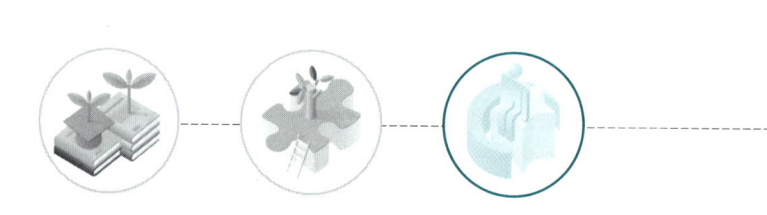

고득점으로 가는 쉽고
편한 길이 여기에 있다.
독해력 향상에 중점을 두고,
과목별 특성에 맞게 '실천' 하는
것이 관건이다. 스스로 노력한
자의 열매는 일취월장하는
실력이다!

Study **3**

실전 편

구체적인 과목별 적용방법 ; 노트작성 첨부

이 장에서 서술하는 대로 실천하면 성적이 최상위 그룹에 힘들이지 않고 쉽게 도달한다. 고득점으로 가는 쉽고 편한 길이다. 모든 과목을 중요하게 실천하는 것이 중요하겠지만, 특히 신경을 쓸 곳은 독해력을 기르는 것이다. 독해력을 기르거나 논술을 공부할 때도 반드시 복습을 해야 한다.

학원 등에서 선행학습을 하거나 참고서 등에 요약되어 있는 내용을 단순히 암기하면 안 된다. 문제풀이 위주로 공부하는 것도 안 된다. 창의력을 기르는 데는 한계가 있기 때문이다. 내 힘으로 교과서를 이해하고 요약해야 한다. 응용력도 길러진다.

각 과목들의 내용을 통합교과적으로 연결시키려는 자세를 가져야한다. 남으로부터 설명을 들으면 과목들 간의 내용을 연계시키려는 것보다는, 보다 중요하다고 인식시켜 주는 것을 중심으로 암기를 하려는경향으로 흐른다. 불완전한 학습이 되는 것이다.

학교공부를 제외하고 스스로 하는 하루 학습량(야간 자율학습 포함)을 6시간으로 놓고 설명한다. 과목별 시간배분은 국어 1시간, 영어 1시간 30분, 수학 3시간 30분 내외가 적당하다.

국어에서 독해력을 기르는 연습이나 문학을 공부하는 시간을 하루 20분 정도로 잡는다. 얼마 되지 않는 시간이므로 가능하면 집에서 최대한의 집중력을 발휘해 맑은 정신으로 단시간에 끝낸다. 그렇게 되면 국어 공부는 기존의 공부 방식을 그대로 사용하면서, 독해를 복습하는 시간까지도 확보할 수 있다.

무엇보다 중요한 것은, 수학 과목을 얼마나 빨리 목표를 달성하느냐에 있다. 수학을 2학년 겨울 방학을 시작하기 전까지 목표를 달성하면 그 하생의 공부는 성공한다.

사회와 과학은 남는 시간을 이용하여 틈틈이 해야 하기 때문에 상대적으로 시간이 많은 주말이나 방학을 이용하는 것이 좋다.

01
독해력을 완성하는 국어 공부법

고등학생이라면 누구나 한 번쯤은 모의고사를 치르면서 언어 영역의 시간이 부족했다는 것을 경험했을 것이다. 대부분의 지문이 처음 접하는 글이고, 그 양도 많아서 시간이 부족한 것이다. 수능시험에서도 언어 영역의 경우는 무엇보다 시간이 모자라서 풀 수 있는 문제를 놓쳤다는 아우성이 자자하다.

수능의 언어영역은 사실적 사고, 추론적 사고, 비판적 사고, 창의적 사고 등 고등 사고 능력을 측정하는 데 역점을 두고 어휘와 어법에 관련된 내용도 출제한다. 다양한 지문을 출제해서 그동안 공부한 내용의 폭과 깊이를 평가한다. 그만큼 많은 분야를 공부해야 되는 것이 국어다.

교사 초년생 시절, "국어 공부는 어떻게 하면 됩니까, 문제를 많이 풀면 됩니까, 문법을 하면 됩니까?" 등 국어공부법에 관한 많은 질문들을 받았다. 그때는 경험이 짧아 명확한 답을 제시하기가 어려웠다. 그러나 지금은 그 해답을 자신 있게 말할 수 있다.

국어는 발산형 과목으로, 국어 공부의 본질은 독해력이다. 그러므로 국어에서 맞닥뜨리는 여러 문제들을 해결할 수 있는 유일한 방법은 독해력을 기르는 것뿐이다.

표현하는 것도 독해력을 바탕으로 한다. 남의 생각을 정확하게 받아들여 자체적으로 취사선택해야만 할 말이 생겨난다. 남의 말을 무시하고 내 생각대로 말을 하는 사람과는 대화가 불가능하다. 읽기와 듣기가 정확하면 말하기와 쓰기를 보다 효과적으로 할 수 있다. 상대방이 요구하는 것이 무엇인가를 정확하게 파악하면 거기에 맞는 진솔한 대답을 찾을 수 있다. 즉, 구술이나 논술도 결국 독해력이 기본이다.

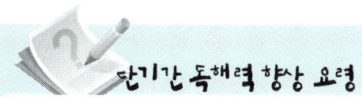

Check

단기간 독해력 향상 요령

글을 한번 읽고 각 단락의 요지와 주제를 '틀리게' 반복해서 쓴다. '틀리게' 쓰라는 의미는 일부러 틀리라는 것은 아니다. 성적이 상위권이든 하위권이든 대부분의 학생들이 단락의 요지나 주제 찾기에 어려움을 느낀다. 번번이 틀리다 보면 자신감을 상실하고 시도 자체를 하지 않게 된다. 정확하게 쓸 수가 있다면 가장 좋은 일이지만, 어차피 정확한 답을 모를 바에야 아예 틀리는 것을 즐기는 여유를 가지라는 말이다.

절대로 정답을 알려고 하지 말자. 틀리면 틀리는 대로 자기의 머리를 굴리기만 하면 되는 것이다. 정확하게 하려고 하면 독해력이 오히려 줄어든다. 이것은 국어만이 가지고 있는 고유한 특징이다.

같은 글을 약 일주일을 주기로 3회 이상 보는 것도 좋다. 볼 때마다 요지와 주제가 달라질 수도 있다. 아니 달라야 한다. 그것을 스스로 비교 분석하면서 자신의 생각이 발전하는 것을 느끼면 된다. 요지와 주제가 정답과 맞아지는 확률이 높아지면 그만큼 독해력이 늘어난 것이다. 같은 글을 보는 횟수가 많을수록 그 글에 대한 생각의 변화과정을 스스로 확인할 수 있다. 이를 통해 머리를 회전시키는 효과도 얻을 수 있다.

이때 독해력이 향상되고 있는지 확인할 수가 없어서 간혹 좌절감을 가질 수도 있게 되는데 강한 자신감이 절대적으로 필요하다. 경험에 비추어 보면 강의와 함께 나간 경우는 1,2개월 정도 지나 독해의 기초가 잡히는 것을 확인할 수가 있었다. 학생들이 혼자서 한다면 약 3개월 정도면 충분할 것이다.

국어는 그 분야가 대단히 넓다. 설명문, 논설문, 시, 소설, 수필, 희곡, 평론, 고전문(학), 문법 등 다양하다. 시중에 있는 여러 종류의 서적들이나 신문 속에 들어 있는 모든 글은 대부분 위에 범주 중 하나에 속한다. 이들을 크게 비문학 제재[설명문, 논설문 등]와 문학 제재[시, 소설, 수필, 희곡, 평론]로 구분한다.

공부 방법의 경우, 문학제재를 시와 소설로 한번 더 나누어 비문학 제재까지 세 가지로 정리할 수 있다. 나머지 분야나 장르는 이 세 가지의 공부원리를 원용할 수 있다. 수필은 설명문에 포함시킬 수가 있고, 평론은 논설문에, 희곡은 소설에 편입이 가능하다. 고전문(학)의 경우는 내용에 따라 산문은 비문학제재에, 운문은 시나 소설의 범주에 속한다.

이 구분 기준은 학문적 접근이 아닌, 오직 공부를 효과적으로 하는 방법 설명의 편의를 위함이다. 비문학 제재의 공부법이 곧 독해 연습과 상통하며, 여기서는 문법을 따로 크게 다루지 않겠다.

🌼 비문학 제재를 공부하는 방법(독해 연습)

학생들이 기존 공부 방법에 큰 변화 없이, 독해력만 상승시켜도 일정 수준의 점수는 상승한다. 이는 독해력의 위력이다. 여기서 제시하는 방법은 대학 진학 시까지 꾸준히 실천해야 한다. 독해 연습의 경우, 대학 진학 후에도 계속할 수 있다면 더없이 좋다. 앞서 계속 강조했다시피 독해는 비단 입시라는 특정 공부에만 필요한 것이 아닌, 삶에 전반적으로 영향력을 행사하기 때문이다.

① 비문학 제재(설명문, 논설문)면서도 쉬운 글을 선택한다.

'쉬운 글'이란 한번 읽고도 그 내용의 줄거리나 글쓴이의 생각을 쉽게 말할 수 있는 글이다. 이는 상대적이다. 전문가라면 논문도 한번 읽고 전체를 파악할 수 있다. 일반적으로 문장들이 간결체면서 비전문적인 글이 여기에 해당된다. 수필류의 글이 대표적이다. 중학생이나 고등학생을 막론하고 독해력이 약한 사람은 수필이 적당하다. 쉬운 글은 어려운 글보다 독해력의 향상 속도를 빠르게 높일 수 있다. 고등학생이라면 중학교의 국어 교과서나 그 수준의 글을 찾아서 공부할 수도 있는 것이다.

② 각 문단을 반드시 1회만 읽고 핵심 문장을 찾는다.(5초 이내)

한 문단은 여러 개의 문장으로 구성되어 있으며, 그 문장들의 관계는 핵심 문장과 보조 문장의 관계다. 논문 등 전문적인 글은 다를 수 있으나 일상적인 글에서는 하나의 문단은 반드시 하나의 핵심 문장을 갖는다. 그래서 문단은 '하나의 생각 덩어리'라고 정의하기도 한다.

③ 그 문단을 다시 읽지 말고 문단의 요지와 주제를 쓴다.

틀려도 좋다. 반드시 한번 읽은 상태여야 한다. 학생들에게 한번 읽고 요지와 주제를 틀리게 쓰라고 요구했더니 한번 읽어서는 찾기 어렵다는 반응이었다. 지금 필요한 것은 '틀리는 용기'다. "정답이란 글을 읽는 그 순간에 내가 생각한 것이다."라는 강한 자신감이 뒷받침되어야 한다. 무엇보다 복습을 할 때 비교를 할 수 있도록 요지와 주제를 생각만 하는 것이 아니라 반드시 써서 남겨야 한다.

④ 문단을 이루는 문장들 간의 연결 관계를 생각하자.

핵심 문장이 앞에 있는지(두괄식), 중간에 있는지(중괄식), 끝에 있는지(미괄식)를 생각하면 된다. 보조문장의 역할도 생각한다. 핵심 문장의 특정 부분을 상세하게 설명했는지(상술), 예를 들어 설명했는지(예시), 핵심 문장을 다시 설명했는지(부연) 등을 확인해둔다.

⑤ 완성된 글 안에서 문단들 간의 연결 관계를 생각하자.

문단들의 연결 관계도 한 문단 내에서 문장들 간의 관계와 같다. 주지 문단과 상술 문단의 관계인지, 첫째, 둘째로 이어가며 핵심 내용들을 나열한 형식인지 등을 생각하는 것이 좋다. 그것을 확인하는 방법은 각 문단의 핵심 문장들끼리 비교하면 보인다. 이것 역시, 틀려도 좋다.

✳ 비문학 제재 공부 방법의 예

노대규

언어의
일반적인
특징

(가) 인간은 누구나 언어의 세계 속에서 살고 있다. 사람은 누구든지 이 세상에 태어나면서부터 죽을 때까지, 언어의 홍수 가운데서 산다고 해도 과언이 아니다.

(나) 우리는 매일 부모형제와 대화를 하고, 동료들과 잡담을 하며, 낯선 사람들과 서로 인사를 나눈다. 우리는 서로 마주보며 이야기를 하기도 하고, 전화로 이야기하기도 한다. 어떤 사람들은 심지어 애완동물이나 인형에게도 말을 하고, 혼자서 자기 자신에게도 말을 한다.

(다) 또한, 우리는 거의 날마다 글을 읽고 쓰며 산다. 대부분의 사람들은 거의 매일 신문이나 잡지, 또는 기타 여러 가지 책을 읽으며, 직업적으로 글을 쓰는 작가나 기자 같은 사람들이 아니더라도 일기나 편지나 숙제, 또는 가계부 같은 것들을 쓰면서 산다.

(라) 이와 같이 인간은 누구나 날마다 듣고, 말하고, 읽고, 쓰는 언어의 세계 속에서 살아가고 있는 것이다.

(※ 109~112p의 참고자료와 연계해서 보면 좋다.)

교사 : (가)문단에서 문장은 몇 개인가?

학생 : 두 개

🌱 이때 문장을 세는 자세가 중요하다. 두번 이상 읽고 말하는 것이 아니고 한번 읽은 상태에서 2~3초 이내에 말해야 된다. 집중력을 기르는 수단이기 때문이다. 실제 이 질문을 하면 간단한 질문임에도 모든 학생들이 틀리게 대답했다.

교사 : 중심 문장은?

학생 : 첫째 문장

이때도 절대 다시 읽고 중심 문장을 찾으면 안 된다. 한번 읽으면서 핵심 문장을 찾은 상태에서 100% 틀리게 말해도 괜찮다는 자세로 해야 한다. 대단한 용기가 필요한 시점이다.

또한 2~3초 이내에 답해야 한다. 신속하게 말하다 보면 정확도가 높아지게 되는데, 이 정확도가 높아지는 것이 곧 독해력이 향상되는 과정이다. 수학 공부는 이렇게 하면 절대로 안 된다. 국어는 신속하게 공부하는 연습을 해야 정확도가 높아지는 과목이고, 수학은 정확하고 꼼꼼하게 공부해야 신속성이 생겨나는 과목이다.

학생이 혼자서 공부할 때는 한번 읽고 "문장은 두 개구나. 핵심 문장은 첫번째 것이구나."라고 스스로 생각하면 된다.

교사 : 첫째 문장과 둘째 문장의 관계는?

학생 : 주지 문장 + 상술 문장

교사 : 이유는?

학생 : 둘째 문장이 첫째 문장의 "언어의 세계 속에서 산다." 부분을 상세하게 서술하고 있기 때문이다.

여기에서 학생은 맞는지 틀렸는지까지 생각할 필요까지는 없다.

교사 : 문단의 구성 양식은?

학생 : 두괄식

🔥 학생들이 혼자서 공부할 때는 여기까지만 하면 된다. 중요한 것은 요지와 주제는 반드시 써야 한다는 점이다. 약 두세 달 정도만 하면 독해력이 향상되었다는 것을 신기할 만큼 학생 스스로가 느끼게 되어 있다.

교사 : 글의 종류는?

학생 : 설명문

교사 : (설명문의 머리말 형식에 맞는 이유를 설명한다.) 사실 명제 형식으로 요지를 잡을 수가 있기 때문에 글의 종류는 설명문이 맞다. 일반적으로 볼 때 논설문은 정책 명제 형식으로 요지가 잡힌다.

 * 사실명제 : 어떤 사실을 제시하는 명제. "~이다."의 형식이다. "홍길동전은 허균의 소설이다."와 같은 문장.

🔥 이렇게 하면 한편의 글을 읽는데 많이야 5분 정도면 된다. 비문학세재(독해력), 시, 소설을 공부하는데 드는 시간은 하루에 10~15분 정도이다. 매일 하는 것도 중요하다.

교사 : 핵심 문장으로 요지와 주제를 만들어 보자.

학생 : 요지는 '모든 인간은 언어의 세계 속에서 살고 있다'이고 주제는

'인간과 언어(생활, 관계)'이다.

 이때는 핵심 문장을 한 번쯤 다시 보아도 된다.

교사 : (나)단락의 문장은 몇 개인가?

학생 : 세 개

교사 : 중심 문장은?

학생 : 첫째 문장

교사 : (나)문단에서 문장들 간의 관계는?

학생 : 주지 문장 + 상술 문장의 관계다.

교사 : (나)문단의 문장 구성 양식은?

학생 : 두괄식

 * 설명문의 기본 형식 : 일반적으로 머리말, 본문, 맺음말의 3단 구성이나, 맺음말이 없는 2단 구성도 있다.

 (나)문단부터는 (가) 문단을 공부하는 요령대로 하면 된다.

교사 : 각 문단 간의 연결 관계는?

학생 : (나)문단과 (다)문단의 핵심 문장은 (가)문단의 핵심 문장 중에서 "언어의 세계 속에서 산다."를 상세하게 설명하고 있고, (라)문단에서는 (나)문단의 핵심 내용(말하기와 듣기)과 (다)문단의 핵심 내용(읽기와 쓰기)을 요약하고 있다. 따라서 설명문의 기본 형식에 맞게 구성되어 있다.

🌧 여기서 국어의 독해력을 기르기 위해서는 국어의 기본 이론을 익혀서 그것을 적용할 수가 있어야 한다.

교사 : 글의 성격은?
학생 : 객관적, 설명적이다.

🌧 글의 성격이란, 글쓴이가 글의 내용을 바라보는 자세를 의미한다. 위의 글을 쓴 사람은 인간과 언어생활의 관계를 있는 그대로, 쉽게 알아들을 수 있도록 서술하여 놓은 것이다. 따라서 설명적이고 객관적이라고 말할 수가 있다. 글의 내용을 비판적으로 볼 수도 있을 것이요 예찬(찬양)적으로 보는 경우도 있을 것이다.

교사 : 이 글의 구조를 그릴 수가 있는지?
학생 :

```
                  ┌── (나) ──┐
     (가) ────────┤          ├──── (라)
                  └── (다) ──┘
```

🌧 위의 글을 설명한 내용대로 생각하는 시간은 글이 짧으니까 2~3분 정도를 넘어서면 안 된다. 빠르게(틀리게 하라는 의미도 있음)하는 것을 매일 반복해야 한다.

여기서 학생이나 교사는 모두 모범답안만을 이야기하고 있다. 그러나 실제 공부를 할 때는 설명하는 선생님이 '무식' 할수록 좋다. 선생님이 간혹, 또는 일부러 틀리게 설명을 하면 학생들이 벌떼처럼 달려들 것이고, 그렇게 되면 그 수업 시간은 자연스럽게 연구하는 분위기로 변할 것이다. 그런 분위기에서의 수업은 영원히 기억된다. 학생이 아는 내용을 모르는 선생님(물론, 진짜 모르는 것은 아니다), 이보다 더 좋을 수는 없다.

☞ **문단의 '요지'를 만드는 요령**

요지란 글의 대체적인 내용, 즉 한 문단에서 가장 중요한 내용이다. 핵심(중심) 문장을 찾아 그것을 국어의 기본 문형(3가지)으로 변형하면 요지가 된다. 논술을 공부할 때 사용하는 문장개요가 요지에 해당한다.

✔ **국어의 기본 문형**
- 주어 + 서술어   예) 새가 난다.
- 주어 + 목적어 + 서술어   예) 나는 밥을 먹었다.
- 주어 + 보 어 + 서술어   예) 책상은 책이 아니다.

☞ **'주제'를 만드는 요령**

주제란 주장이 되는 제목이란 뜻으로 해석되는데, 핵심문장을 근거로 해서 만들어진다. 여기에서는 수학처럼 '반드시'라는 말을 사용하면 안 된다.

✔ **일반적으로 많이 쓰이는 형식**
- 국어의 기본 문형에서 주어만 사용하는 경우가 있다.
- 주어 + '의' + [상위 개념]의 형식도 있다.

위의 글 (가)의 주제를 잡을 때, '인간의 특징'으로 잡을 수 있는 것이 그 예이다.
- 주어 + '와(과)' + 목적어/부사어/보어의 형식도 있다.

위 지문의 (가) 문단에서는 '인간'이 주어고 '언어'가 목적어이므로 '인간과 언어'로 주제를 만들 수가 있다.

☞ **국어의 기본 이론**

(※ 논술 공부 방법과 연결되므로 약간은 상세하게 다루겠다. 논술편과 연계해서 보자.)

여기에 나열하는 것들은 중학교 1학년 때 이미 알고 있어야 할 내용들이다. 독해력을 기르는 데 있어서 필수적으로 알아야 할 것들만 개략적으로 나열하겠다. 문학제재는 독해력과는 직접적으로 연결되지 않으므로 여기서는 언급하지 않는다.

✔ **반드시 알아야 할 기초지식**

[글 〉 문단 〉 문장 〉 단어]
- 단어 : 뜻을 지니고 홀로 자립하여 쓰일 수 있는 글의 최소 단위

- 문장 : 여러 개의 단어들이 규칙적으로 배열되어 하나의 생각을 지니는 글의 단위
- 문단 : 문장들의 집합체로서 하나의 완전한 의사 전달 기능을 가진 글의 단위. 하나 또는 둘 이상의 문장으로 구성된다.

✔ 기능에 따른 문장 종류(문장 간 연결 관계)
- 주지 문장(핵심문장, 문장개요, 화제문, 소주제문)
 : 하나의 문장에서 중심을 이루는 내용.
- 뒷받침 문장
 : 도입 문장, 전제 문장, 예시 문장, 부연 문장, 상술 문장, 전개 문장 등이 있다.

✔ 문단의 구성
- 핵심 문장(중심 문장, 화제문) : 소주제문이라고도 하며, 소주제를 문장화하여 문단의 표면에 드러낸 문장을 말한다.
- 뒷받침 문장 : 중심문장의 내용을 독자가 확실하게 이해할 수 있도록 하기 위한 문장들. 중심 문장을 상술, 예시, 부연 설명하는 등의 관계에 있다.
- 예 : 인용문의 (가)문단은 첫번째 문장이 핵심문장이고 두번째 문장이 뒷받침문장이다. (나)문단에서 첫번째 문장이 핵심문장이고 두번째 문장과 세번째 문장이 뒷받침문장이다.
(* 문단들의 연결 관계도 문단 내에서 문장들의 연결 관계를 적용할 수가 있다.)

☞ 글의 구성 방식

✔ 단계식 구성
- 3단 구성
[도입(서두/서론)–전개(본문/본론)–정리(결말/결론)]
∴ 논설문의 구성
서론 : 집필 동기, 집필자의 의도, 다른 연구와의 비교, 문제점을 제시한다.
본론 : 명제의 제시, 과제의 증명, 추론의 전개, 논증을 한다.
결론 : 본론의 요약, 명제의 정당성, 미흡한 사항 보충, 미결 과제 언급, 앞으로의 전망을 제시한다.

∴ **설명문의 구성**

머리말 : 설명의 대상, 동기, 범위, 방법, 목적 등을 언급하고, 독자의 관심을 끌기 위해 제재의 선택 동기 및 배경을 적는 부분이다.

본문 : 여러 가지 설명 방법에 의해 머리말에서 밝힌 문제에 대해 구체적으로 설명하는 부분이다.

결말 : 앞에서 설명한 내용을 요약하고 마무리한다.

• 4단 구성

[기 – 승 – 전 – 결]

기–논제를 제시해서 독자의 주의를 환기시키는 단계다.

승–제기된 논제에 대한 논거를 제시하여 자기의 주장을 펼친다.

　　문제제기 단계이다.

전–제기된 문제에 대한 해결책이나 대안을 제시한다.

결–주장한 내용을 요약하고 마무리하여 정리한다.

[서론 – 전개 – 발전(전환) – 결말]

(전개와 발전은 3단 구성에서 본론에 해당)

• 5단 구성

∴ **서론**

제 1단(발단, 주의환기) : 독자의 주의를 모으는 단계, 또는 인사말

제 2단(전개, 과제 제시) : 독자를 제시된 문제로 이끄는 단계 또는 이 주제를 선택한 이유 제시

∴ **본론**

제 3단(위기, 과제 해명) : 제기한 문제의 해결법을 보이는 단계

제 4단(절정, 해명의 구체화) . 주제의 전개 난계로 해결법 구체화

∴ **결론**

제 5단(대단원, 행동의 촉구 및 전망) : 독자의 결심을 촉구하는 단계

✔ 포괄식 구성

• 두괄식 : 중심 문장을 문단의 앞에 두고 뒷받침 문장을 뒤에 두는 방식

• 미괄식 : 뒷받침 문장을 문단의 앞에 두고 중심 문장을 뒤에 두는 방식

• 양괄식 : 하나의 문단이 중심 문장 + 뒷받침 문장 + 중심문장의 형식

• 중괄식 : 하나의 문단이 뒷받침 문장 + 중심 문장 + 뒷받침 문장의 형식

☞ **글의 진술 방법 (설명 방식과는 구별)**

✔ 설명

어떤 지식이나 정보를 독자에게 제공하기 위하여 사용하는 진술 방식으로서 이해를 목적으로 하므로 내용을 보다 쉽게 풀이하고 조리 있게 설명하는 방법이다.
설명의 방법에는 지정, 정의, 비교, 대조, 구분, 분류, 예시, 유추 등이 있다.

✔ 논증

어떤 주장을 내세워 독자로 하여금 자기 의견에 동조하도록 설득하는 방법으로, 논리적 근거에 의해 자기주장의 타당성을 증명한다.
논증의 3요소에는 명제, 논거, 추론이 있다.

✔ 묘사

대상을 그림을 그리듯이 언어로써 생생하게 그려내는 진술 방식이다. 대상에서 받은 느낌을 충실하게 나타내야 하므로, 구체성과 감각성을 특징으로 한다.

✔ 서사

사건의 진행 과정이나 사물의 움직임과 변화를 시간적 추이에 따라 구체적으로 적어 나가는 진술 방식으로서, 어떤 특정한 사실이나 경험을 바탕으로 한다.
서사의 3요소는 행위, 시간, 의미의 세 가지다.

※ 위의 사례 글에서 공부하는 방법을 처음부터 모두를 사용하려고 시도하면 안 된다. 글의 구성 방식 중에서 포괄식 구성(두괄식, 미괄식 등) 방식과 요지, 주제 만들기, 글의 성격, 글의 종류, 문단 간의 연결 관계 정도만 생각하면서 공부하자.
위에 제시되어 있는 것들만이라도 암기하여, 적용능력을 기르면 독해력이 한층 빠르게 길러진다. 적용할 때는 자기가 글의 내용을 충분하게 소화할 수 있는 정도의 쉬운 글에까지 피드백 하면 독해력이 더 빠르게 길러진다.

✽ 시를 공부하는 방법

비문학 제재가 이성을 개발하는 데 필요한 것이라면, 문학 제재는 감성을 순화시키는 데 필요한 것이다. 그러나 이 모두가 언어로 되어 있는 이상, 그 목적이 의사 전달에 있다는 점에서는 같다. 시 역시, 비문학제재 공부하듯이 가벼운 마음으로 시작하면 된다.

매일 1~2편 정도의 시를 보자. 하루에 5분 정도만 하면 된다. 이것도 반드시 1회 읽고 주제와 요지를 쓰되 틀리게 써야 한다. 국어는 가볍게, 생각나는 대로 써 보고, 며칠 뒤에 다시 보면서 비교하는 것이 최선이다. 정답만을 추구하다가는 독해력이 오히려 떨어진다.

① 시점을 생각하자.

시에서의 시점은 1인칭 시점과 3인칭 시점으로만 나누어진다. 시인이 자신의 생각을 썼으면 1인칭 시점이고, 대상을 관찰했으면 3인칭 시점이다. 시점을 생각하는 것은 시적 자아의 내면 상태를 보다 정확하게 알아내기 위함이다. 가벼운 마음, 즉 틀린다는 기분으로 하면 된다.

② 시적 자아의 심리를 파악하자.

시인이 자신의 속마음을 이야기하든 대상을 관찰하든 시인이 대상으로부터 받은 감동을 압축해서 써놓은 것이 시다. 그러므로 우리는 그 감동을 받아들일 수가 있어야 한다. 구절풀이에 너무 집착할 필요는 없다. 그저 시적 자아의 심리를 보다 정확하게 받아들이기 위한 하나의 참고 자료 정도로 활용하면 된다.

③ 요지를 만들어 보자.

각 연별 요지와 주제를 써볼 수도 있으나 그렇게 무겁게 접근하지 말고, 가볍게 전체 글의 요지와 주제를 써도 좋다. 각 연별 요지와 주제가 정확하게 파악되어야 전체의 요지와 주제를 파악할 수가 있는 것은 맞다. 그러나 정확성에만 집착하는 것은 독해력을 높이는 방법은 아니다. 시인은 비문학적인 글에 비해서 상대적으로 말장난을 많이 한다는 사실을 염두에 두면 한결 쉬울 것이다.

④ 주제를 만들어 보자.

비문학 제재에서 주제를 만드는 것과는 약간 차이가 있을 수 있으나 엄격하게 구별할 수는 없다.

✿ 시를 공부하는 방법의 예

먼 후일

김소월

먼 후일 당신이 찾으시면 / 그 때에 내 말이 "잊었노라."
당신이 속으로 나무라면 / "무척 그리다가 잊었노라."
그래도 당신이 나무라면 / "믿기지 않아서 잊었노라."
오늘도 어제도 아니 잊고 / "먼 후일 그 때에 잊었노라."

교사 : 이 시의 시점은?

학생 : 1인칭 시점

🌲 시 전체나 특정 구절을 두번 이상 읽으면 안 된다. 틀리게 생각해도 좋다. 가벼운 마음으로, 생각나는 대로 쓰면 된다. 생각하는 것 자체가 이미 공부이기 때문이다. 그러나 시점, 요지, 주제는 생각에서 그치지 말고 꼭 써야 한다.

교사 : 시적 자아의 심리 상태는?

학생 : 떠나간 임을 잊지 못하고 무척 그리워하고 있다.

🌲 시인이 떠나간 사람이 돌아오기를 은근히 기다리고 있다. 잊지 못하고 있는 자신의 속마음과는 거꾸로 표현하고 있다. 시인이 말장난을 친 경우에 해당한다. 산문에서는 이런 글은 무가치하다고 여겨진다. 이 글이 인정받는 것은 시이기 때문에 가능한 일이다.

교사 : 그 근거는 무엇인가?

학생 : 당신이 돌아올 (영원히 오지 않을 지도 모르지만) 그 날에도 잊지 않고 먼 후일, 어쩌면 죽음의 순간에야 잊을 수 있다고 했다. 둘째 행에서의 "잊었노라."는 실제로는 잊을 수가 없으면서도 잊었다고 표현을 한, 역설적인 표현을 한 부분이다.

"잊었노라"라는 부분은 같은 말을 반복해서 쓴 부분이다. 잊지 못하겠다는 자신의 마음을 과장해서(역설적으로) 표현함으로써 그리운 감정을 강조한 것이라고 단순하게 생각하면 된다. 시인은 거짓말쟁이라는 소리를 할 수 있는 대목이다.

교사 : 요지는 ?
학생 : 나를 떠나간 임이 그립다.
교사 : 주제는 ?
학생 : (나의) 떠난 임에 대한 그리움(떠난 임에 대한 그리운 감정)

주제를 만들 때는 비문학제재에서 주제를 만드는 방법과 같다. "나는 떠난 임에 대하여 그리움(그리운 감정)을 갖고 있다."라고 요지를 만들어 보자. '나'는 이 글의 요지에서 주어다. '그리움(그리운 감정)'은 목적어에 해당한다.

소설을 공부하는 방법

소설도 매일 5분 정도로 가볍게 하는 것이 좋다. 장편 소설이건, 단편 소설이건 집에 있는 소설책 중에서 손에 잡히는 대로 선택해서 공부하면 된다. 하루 한쪽이나 두쪽 정도, 아무 곳이나 손에 잡히는 대로 펴서 공부하라. 옛날에 봤던 부분을 다시 봐도 좋다.

소설 역시, 비문학 제재를 공부하듯이 공부한다. 매일 틀리게 생각해서 틀리게 써도 좋다. 생각하는 것 자체가 머리를 쓰는 것이다. 교육의 목적은 두뇌를 개발하는 것이다. 반복 복습을 통해 생각의 흐름을 파악하면, 그것이 바로 국어공부다. 여기에 제시된 방법은 독해력을 기르는 수단을 알려 주는 것 외는 없다. 학문적인 접근을 해서 비판하지 않기를 바란다.

① 소설의 시점을 파악하자.

주인공을 어떻게 잡느냐에 따라서 시점이 바뀔 수도 있다. 일단 주인공이라고 생각되는 인물을 근거로 해서 시점을 찾는다. 틀리게라도 시점을 생각하라는 뜻이다. 시점을 파악함으로써 등장인물들의 성격을 파악하는데 도움이 될 수 있다. 작가가 어느 위치에서 등장인물들을 서술하느냐를 알면 등장인물의 말이나 행동을 파악하기가 쉽다.

② 자기가 읽었던 부분의 줄거리를 파악하자.

여기서도 틀리게 생각해도 되니까 절대 두세번 읽으면 안 된다. 한두 페이지 정도니까 어떤 때는 줄거리를 파악하기가 어려울 수도 있다.

그럴 때는 줄거리 잡기는 빠뜨리면 된다. 줄거리를 파악하는 것을 매일 반드시 해야 된다는 법칙은 없다. 물 흐르듯이, 쉽게 생각하고 쓰면 된다.

③ 단락 나누기를 하자.

학생들은 소설에서 단락 나누기를 하기가 좀 부담스러울 수가 있다. 이럴 때는 학생 자신이 영화감독으로 변하면 된다. 읽은 부분을 영화로 제작한다고 가정을 하라. 카메라맨에게 카메라를 이동시키라고 명령할 필요성이 있다고 판단되는 곳에서 단락 나누기를 하면 된다. 그러면 대부분의 단락 나누기가 맞게 된다. 설령 틀린들 어떠랴. 오히려 틀리는 것이 좋다.

④ 등장인물들의 성격을 파악하자.

정이 많은 사람, 남을 현혹시켜서 자기의 이익만을 챙기는 사기꾼, 깡패 짓을 하지만 정의로운 사람 등 여러 부류의 사람이 있을 수 있다. 소설가는 자기의 생각을 등장인물의 말과 행동을 통하여 간접적으로 표현했을 뿐이다. 자신감을 가지고 틀리게 쓰면 된다. 국어는 이렇게 가볍게 하면 된다.

⑤ 구성 단계를 생각하자.

구성 단계를 생각하려면 소설은 5단계로 구성된다는 배경 지식을 알고 있어야 한다. 발단, 전개, 위기, 절정, 결말의 특징을 먼저 알아야 한다. 그런 후에는 또 틀리게 쓴다. 며칠 뒤에 보고 틀렸다는 생각이 들면 그 새로운 생각을 써라. 이 때 틀렸다고 생각되는 것을 지우면 안 된다. 세번째 읽을 때 비교하는 데 필요한 것이다.

⑥ 단락별 요지와 주제를 만들어 보자.

등장인물 중에서 자신이 생각할 때 주인공이라고 생각되는 사람의 말과 행동을 중심으로 생각해 보면 요지나 주제도 보인다.

✿ 소설을 공부하는 방법의 예

태백산맥   조정래

서장은 마음이 몹시 언짢았다. 불안하기조차 했다. 굴러온 돌이 박힌 돌을 뽑는다고 계엄령 하에서는 아무래도 토벌대장의 권위가 더 있는 법이고, 그가 효과적으로 빨갱이들을 토벌하기라도 하면 빨갱이들에게 경찰서를 빼앗겼던 자신의 신세는 어찌될지 뻔한 이치였다.

염상구가 들어왔다. 토벌대장이 보이지 않았다. 아침밥을 먹으러 앞서간 눈치였다.

"토벌대장인가 원생인가(원숭이)는 워디 갔다요?"

염상구는 서장 옆으로 다가서며 능청스럽게 물었다.

"원생이는 또 뭐요?"

서장이 미간을 찡그리며 염상구를 올려다 보았다.

"아, 그 쌍판떼기가 원생이 낯짝 아닙디여? 첨에 딱 봉께로, 워따메 고놈에 낯짝 징상시럽게 못났다 싶고, 그런디 고 못생겨 묵은 쌍판을 워디서 꼭 본 듯 한디 영 생각이 나야 말이제라. 생각허고 또 생각허다 못해서 그 부하를 잡고 물었제라. 느그 대장을 워디서 꼭 본 얼굴인디 생각이 안 나서 그런다. 워디서 뭘 하던 사람이냐, 그렁께 그 부하 하는 말이, 보기는 워디서 봐라, 싸커스단에서 봤겄지요, 허드랑께요. 나는 그 말을

얼렁 못알아 묵고, 어느 싸커스단 출신이냐고 물응께 그눔이 점잖게 웃
음시로 싸커스단 원생이 못봤냐고 허드랑께요. 그러고 본께 나가 워디서
그 사람을 따로 본 것이 아니드랑께요."

"그렇구만, 원생이, 그렇구만."

서장은 연상 키들키들 웃었다.

"그런 놈이 뭔 수로 빨갱이를 때려잡고 공을 세우겼으려우?"

딴은 그렇기도 했다. 서장은 미소를 지었다. 토벌대장을 경쟁자로 의식할
필요가 없다고 생각했다.

교사 : 이 소설의 시점은?

학생 : 전지적 작가 시점

교사 : 그 근거는 어디에 있나?

학생 : 첫 번째 단락과 이 글의 마지막 구절에서 서장의 심리를
       작가가 직접 서술한 곳이 있다.

교사 : 이 소설(인용된 부분)의 줄거리는?

학생 : 토벌대장 때문에 위기를 느끼던 서장이 염상구로 인하여
       점차 자신감을 회복하고 있다.

 반드시 한번 읽고 대답해야 한다. 다시 읽으면 안 된다.

교사 : 단락 나누기를 할 수 있는 곳은?

학생 : 영화를 제작한다면, 서장이 근심하고 있는 부분까지와, 서장과

영상구가 대화하는 부분에서는 카메라의 이동이 있을 법하다. 첫째 단락에서 문단 나누기를 하면 될 것 같다. (~신세는 어찌 될지 뻔한 이치였다.)

교사 : 단락별 요지와 주제는?

학생 : 1문단 요지 -서장은 토벌대장 때문에 위기감을 느끼고 있다.

　　　주제 -서장의 근심

　　　2문단 요지 -서장은 영상구로 인해 자신감을 회복하고 있다.

　　　주제 -서장과 영상구의 대화(서장의 자신감 회복)

교사 : 서장과 영상구의 성격은?

학생 : 서장 -대사(큰일)에는 관심이 없고 오직 자신의 입지에만

　　　　관심이 있다. 책임감도 없는 기회주의자적인 인물이다.

　　　영상구 -서장을 무조건적으로 두둔함으로써 자신의 입지를

　　　　확보하려고 하는 기회주의자이다.

교사 : 이 소설의 구성 단계는?

학생 : 전개

서장과 토벌대장 사이에 위기감이 점점 증가될 수밖에 없는 상황으로 전개되고 있다.

✿ 고전문(학)을 공부하는 방법

문법적으로 접근해서 모르는 단어를 암기한 후에 내용을 파악하려고 하는 것은 가장 어리석은 공부 방법이다. 영어도 마찬가지지만, 고전 역시 읽기가 되면 뜻도 통하게 되어 있다. 사전적인 뜻을 정확하게 몰라도 전체의 의미는 해석할 수 있다. 그러므로 모르는 단어가 한두 개 있어도 전체적인 의미의 흐름을 파악할 수가 있어야 한다. 어학 계열의 특성이다.

① 소실된 문자의 발음법을 배우자.

읽기를 부드럽게 하려면 소실된 문자의 발음법을 알아야 한다.

② 고전문(학) 중에서 무슨 책이든지 일단 펴서 읽어라.

가능하면 15C의 표기법으로 된 글을 찾는 것이 좋다. 단어나 글의 뜻은 개의치 말고, 현대 국어를 읽는 속도의 빠르기까지 읽기연습을 한다. 이것도 매일 5분 정도만 하면 된다. 고전을 공부하면서 쓸 데 없이 시간을 낭비하지 말자. 이렇게 공부를 하면 독해력과 집중력도 향상된다. 한두 달 정도 하고 나면 읽기가 능통해진다.

③ 뜻풀이가 되어 있는 책을 읽어 보라.

내가 추측한 뜻과 풀이해놓은 뜻이 비슷할 것이다. 이럴 때, 이미 대부분 알고 있구나 하는 생각이 들며 공부에 대한 강한 자신감이 생긴다. 우리 국어이기 때문에 영어보다는 빠르게 이해된다.

④ 단락 나누기를 위주로 해서 공부하자

특히 고전문은 단락 나누기가 되어 있지 않다. 그리고 내용은 산문이지만 운문 형식으로 되어 있는 것이 많다. 단락 나누기를 위주로 해서 공부하면 효과적이다. 역시 틀려도 좋다.

⑤ 문법 위주로 공부하는 것은 지양하자.

고전문법을 배우려면 먼저 현대 국문법을 확실하게 알고 난 후에 그 차이점을 위주로 공부하면 보다 쉽게 이해할 수가 있다. 그러나 출제 빈도가 낮다. 국어학을 전공하는 사람에게는 소중하지만 공부하는 학생에게는 그다지 중요하게 다룰 사항이 아니다. 어차피 만점을 목표로 하지 않을 바에야 시간을 투자한 것에 비례해서 점수가 나오는 부분을 공략하는 것도 현명한 방법이다.

이러한 방법으로 국어를 공부하면서 공부의 양이 부족하지 않나 하는 생각이 들 수도 있다. 이는 학생들이 기존에 공부하는 방법이 문제풀이 위주였기 때문이다. 또, 시간을 맞추기 위해 수학처럼 문제풀이 연습을 많이 해야 한다고 생각하기도 한다.

그러나 집중력과 이해력, 독해력이 있는 학생에게는 문제를 푸는 연습을 많이 할 필요까지는 없다. 모의고사만으로도 충분하다. 게다가 독해 연습에 탄력이 붙으며 문제집 응용편 등으로 난이도를 높여가는 과정에서 자연스럽게 모든 문제에 빠르게 접근하는 법을 습득하게 된다. 나머지 부족한 부분들을 일일 국어 공부시간의 범위에서는 능동적으로 찾아서 공부를 해야 된다.

국어 내신을 위한 자습서 활용법

- 자습서에 있는 학습목표를 본다.
- 각 문단별(문학제재 포함) 요지와 주제를 자습서 여백에 쓰며 예습을 한다. 여기서도 가능한 한번만 보는 습관을 기르자.
- 자습서의 해당 부분을 문제풀이를 한다.
- 틀린 문제에 대해 그 이유를 생각해본다.
- 구절풀이 및 해설 부분들을 본다.
- 이해가 안 되는 부분은 학교 수업 시간에 선생님은 내가 틀린 부분을 어떻게 설명하는지 본다.
- 집에 와서 예습할 때 보았던 자습서 문제를 다시 풀어 본다.
- 다른 문제집을 가지고 실력을 확인한다.
- 중간고사나 기말고사 직전에는 또 다른 문제집으로 공부하는 것도 좋으나 독해 연습을 계속하고 있는 한 특별히 공부를 더 하지 않아도 된다. 이 책에서 제시한 공부 방법대로 6개월 이상 공부를 계속한 사람은 다른 문제집을 볼 이유가 없을 것이다.

02 | 교과서로 해결하는 영어 공부법

영어를 단어나 숙어를 암기하면 되는 과목이라고 생각하면 안 된다.

국어 대사전에 수록되어 있는 단어의 개수는 대략 15만~16만 사이이다. 그런데 초등 교육을 받은 사람은 대략 2천 단어 내외 정도를 사용하고 중등 교육을 받은 사람은 3천 단어 내외, 대학을 졸업한 사람은 4천 단어 내외, 석 박사는 4천 5백 단어 정도를 사용한다고 한다. 과학 문명이 우리보다 발달되어 있는 영어권에서 사용되는 단어의 숫자는 우리 국어보다는 많을 것이다.

같은 어학 계열이라도 영어는 국어와 조금 다르다. 영어는 말하기와 듣기, 읽기, 쓰기를 유기적으로 통합해서 공부해야 한다. 이러한 영어 공부는 교과서가 답이다. 문제집은 단편적이고 체계적이지 못한 단점이 있다. 중학교 1학년 교과서부터 시작하여 완전학습을 해나가면 고등학교 과정은 물론이거니와 토익이나 토플까지도 혼자서 할 수 있도록 과학적으로 짜 놓은 것이 교과서다.

완전학습을 할 수 있느냐가 가장 문제가 되는데, 대략 한 페이지에 모르는 숙어나 단어가 3~4개 정도 있는 곳까지 피드백을 하면 혼자서도 충분히 할 수가 있다. 공부할 때 지루해지지 않을 수 있으며 스스로 학습할 수 있는 곳이다. 고등학생의 경우, 모의고사 영어 성적이 3~4등급이면 중학교 3학년 교과서를 선택하면 알맞다. 그 이하 성적이면 중학교 1학년 교과서까지 가서 문장을 암기하는 것이 좋다.

고등학생이라고 중학교 책을 보면 안 된다는 법은 없다. 중학교 교과서를 가지고 공부를 하면 오히려 재미있다. 내용도 다양하고 해석도 빠르게 된다. 쉬운 단어와 문법체계를 가지고 있으니 본문 내용도 영어로 요약할 수 있다.

영어는 어학이다. 국어 공부하듯이 부드럽고 쉽게, 머리도 굴리면서 공부하는 것이 더 좋다. 특히, 영어는 문장을 암기해야 된다. 중학교 2학년 교과서까지는 모르는 단어나 숙어가 들어 있는 문장을 암기해가라. 상대적으로 길이가 짧고 암기하기 쉬운 문장들이다. 이는 말하기와 쓰기에 도움을 준다. 완전학습 원리는 고등학교 영어 교과서를 공부할 때도 적용되어야 한다. 중학교 3학년 교과서부터는 문장 암기가 불가능하다. 전문 용어들이 사용되고 문장의 길이도 길어졌기 때문이다. 그러나 이때에도 수식어 등을 제거하여 문장을 짧게 만들어서 문장을 암기하면 좋다.

중학교 3학년 교과서 중간 이후 부분을 하다 보면 혼자서 해석하기가 힘들어진다. 한 페이지에서 모르는 단어가 7~8개 정도 되면서 한 과를 공부하는 데 40~50분 이상 걸리면(고등학생 기준이다. 중학생은 30분 정도) 피드백을 해야 한다. 약 10과 정도를 피드백하면 그런 생각이 줄어든다. 학년이 높아질수록 난이도가 높아지는 것은 당연하므로 두려워하지 말고 자신감을 가지고 피드백을 하면 된다. 세번 이상 피드백을 해도 좋다. 그래도 안 되면 친구를 활용하고, 그래도 안 되면 선생님을 활용하라. 힘든 것을 참는 용기도 있어야 한다.

피드백을 하면 진도가 느려질 것 같아 불안하기도 하겠지만, 완전학

한

습이 되지 않은 상태에서 진도를 빨리 나가는 것보다는 낫다. 피드백을 한다고 진도가 굉장히 느려지지는 않는다. 확인된 사실이다.

교과서는 2일에 한과를 공부하면 되는데, 성적이 중위권에 있는 고등학교 학생이 중학교 1학년 교과서를 학습하는 데는 약 일주일 정도가 소요된다. 중학교 2학년 교과서는 약 이주일, 3학년 교과서는 약 한달 정도 소요된다. 문장을 암기해서 연습문제도 풀어보고 내용을 요약해서 영어로 써보기도 하면서, 문법까지 완전히 정복해야 한다. 이렇게 하면 약 40일 정도면 중학교 책 세권을 끝낼 수가 있다.

피드백을 한 후에는 완전학습을 해야 하는데, 자기가 공부했던 페이지에서 모르는 단어나 숙어가 전혀 없고 국어를 읽듯이 부드럽게 읽을 수 있고 그 페이지의 줄거리를 말할 수 있으면 완전학습이 되었다고 말할 수가 있다.

대학수학능력시험을 포함한 대학입학시험에서 영어는 공통영어를 포함해서 심화선택 과목의 수준까지 출제된다고 보면 된다. 듣기에서는 원어민의 대화를 듣고 이해하는 능력, 불완전한 대화를 듣고 적절한 대답을 완성하는 능력도 평가를 한다. 당연히 표준발음도 알아야 한다. 독해력과 의사 소통능력(어휘, 문법 등)도 측정 대상이다. 이것도 원어민들이 자주 사용하는 것들을 중심으로 출제된다.

학생들은 해석하기 어려운 글, 문법 위주로 된 글을 찾는다. 어려운 글을 공부한다고 해서 좋아질 수 있는 것은 없다. 혼자서 공부하기도 어렵고 해석도 안 되면 자기비하를 하기도 한다. 게다가 공부가 안 되니까 두뇌 회전을 오히려 후퇴시킨다. 이런 방법이 성적을 내려가게 만드는 것이다.

여기서는 영어 공부방법을 말하기, 듣기, 읽기, 쓰기, 문법의 영역으로 나누어 서술할 것이다. 설명하기 위해서 분리하는 것이다. 공부할 때는 분리하는 버릇을 들이면 안 된다.

❋ 말하기와 듣기를 공부하는 방법

모든 영어 교과서의 부록 부분에는 말하기와 듣기 테이프 내용이 있다. 교과서에 실려 있는 영어 회화용 테이프는 과학적이다. 미국인들이 사용하는 말들 중에서도 대중성이 있는 문장을 중심으로 해서 표준 발음으로 만들어진 것이다. 대한민국 정부가 인정한 내용이다.

개중에는 미국의 표준 발음만 배워서는 안 되고 외국인들의 생활 습관이나 우리와는 다른 문화를 체험할 기회도 있어야 한다는 생각으로 어학연수를 선호하기도 한다. 이 생각이 바로 신판 사대주의다. 반만년의 역사를 가진 대한민국의 국민으로서 가질 수 있는 문화적 자긍심과 긍지를 가진 사람이라면 외국인을 대할 때 주눅이 들어서 말을 하지 못하는 일은 없을 것이다.

교과서에 수록되어 있는 내용이 들어있는 듣기 테이프를 사용하여 말하기 듣기를 공부한다.

① 하나의 문장을 듣는다.

정확하게 듣지 못한 경우에는 다시 듣기를 하되 세번 이상 듣지 않는다. 그리고 들리지 않은 문장은 모르는 단어가 없더라도 교과서에서 확인하여 노트에 넣어서 암기한다. 억양까지도 생각하면서 완전학습을 한다.

② 일시 정지를 한다.

③ 큰 소리로 따라하기를 한다.
발음만이 아니고 억양도 흉내를 내야만 된다. 토익 시험에서는 표준 발음까지도 채점 대상이 된다.

④ 알아듣지 못한 문장을 쓰고 억양을 큰소리로 따라한다.

⑤ 그 다음 문장을 같은 방법으로 공부한다.

이 과정을 하루에 5~10분 정도씩 매일 해야 한다. 그리고 활용해서 발음하고 쓸 수 있을 정도까지 하나의 테이프를 사용(4~5회 정도 이상)하는 것이 좋다. 회화나 영어로 일기 쓰기 등을 할 때에도 테이프의 전체 내용을 암기해서 응용할 수가 있어야 한다.

고등학교 1학년 교과서용 듣기 테이프를 사용할 때쯤이면 영어 뉴스를 청취해야 한다. 중학교 3학년용 교과서를 마치면 영어 뉴스 듣기가 되는 것을 보았다. 듣기 능력이 어느 정도 배양이 되었으므로 영어방송을 듣는 것도 좋다. 그것도 10분 정도씩 매일 듣는 것이 중요하다.

✿ 읽기를 공부하는 방법

한글을 읽듯이 부드럽게 읽을 수 있는가에 중점을 두어 공부한다.

① 피드백을 정확하게 한다.

피드백을 정확하게 한 상태라면 교과서 한페이지에서 모르는 단어나 숙어가 나올 수 있는 숫자는 1~2개 정도이다. 모르는 단어가 없어도 좋다.

② 해석을 하면서 모르는 단어는 밑줄 긋기를 한다.

문장이 너무 길어서 해석이 불가능한 경우도 있다. 이때는 자습서를 활용하는 것이 좋다. 문법적으로 접근하지 않더라도 앞뒤의 문장으로 그 의미를 유추할 수도 있다. 한 문장이 해석되지 않는다고 끙끙거리지 말고 전체 흐름에서 볼 때 "이렇게 해석이 되겠구나." 정도로 넘어가는 것도 좋다. 그런 연습이 필요하다. 어려운 문장들만 나열되는 글은 없다.

③ 그 페이지의 줄거리를 파악한다.

모르는 단어가 한두개 있어도 전체적인 뜻을 파악하는 데 불편하지 않다. 그런 훈련을 해야 한다. 그후에 모르는 단어가 속한 문장을 노트에 기록하고 완전학습을 한다.

영어에서도 국어처럼 어떤 문제든지 주제와 글의 줄거리 등 글의 핵심 내용을 파악해야 문제를 풀 수가 있다. 어학이기 때문이다. 주제가 무엇인지 파악을 못하면 정답을 찾을 수가 없다. 한두 단어나 문장을 보고 전체의 내용을 판단해도 안 된다. 글 전체의 줄거리나 요지를 찾을 수 있어야 한다. 무엇보다 중요한 것은 정확한 해석을 바탕으로 하여 글의 전체적인 흐름을 파악하는 것이다.

지문의 길이가 길어졌을 때 맥을 놓치는 등 읽기 영역에서 고전하는 경우 학생들은 자신의 단어 실력부족을 많이 탓한다. 기본 단어는 충분히 익혀야 하겠지만 고득점을 원한다면 무엇보다 독해 능력 향상에 역점을 두어야 한다. 독해는 번역이나 직독 직해가 아닌 국어와 영어를 막론하는 문자 자료에 대한 해석 능력을 말한다. IBT는 긴 지문에 대한 개요 파악 및 세부 논점 파악을 요구하고 있다.

④ 교과서 외의 글도 읽으면 좋다.

어학이니까 많이 보는 것을 권장한다. 그러나 교과서 외의 글은 교과서에 비해서 단편적이고 체계적이지 못한 면이 있다. 그러나 영어 교과서의 난이도는 가파르게 상승하는 점을 감안한다면 교과서를 공부하면서도 틈틈이 영어 동화책, 에세이, 영자신문 등을 읽는 것도 좋다.

❋ 쓰기를 공부하는 방법

쓰기는 처음부터 시작할 필요는 없다. 쓰기는 대부분 알고 있는 문장을 활용하는 데, 문장을 많이 알고 있지 못하기 때문이다. 중학교 2학년까지 진도가 나갔거나, 영어 듣기 등에서 문장을 최소 100개 이상을 암기해서 자유로이 사용할 수 있겠다는 판단이 설 때에 비로소 영어 일기로 쓰기를 공부한다. 영어 단어만 아는 상태에서 문법에 맞추어 쓰려면 시간을 너무 많이 낭비하게 된다. 일단은 암기하고 있는 문장을 활용해서 일기를 시작한다.

일기는 길게만 쓰려고 한다거나 고상하게 쓰려고 하지 말고 한달에 한문장 정도씩만 늘리자는 느긋한 마음으로 쓰면 된다. 지금까지 암기된 문장들을 활용하되, 생각이 잘 나지 않으면 노트에 있는 문장을 보고 그 문장을 원용해서 쓴다. 좋은 글만 쓰려고 하면 절대로 안 된다.

🌸 문법을 공부하는 방법

모든 영어 교과서에는 영문법 편이 있으므로 교과서를 반복해서 외우면 문법이나 글의 내용이 저절로 이해가 된다. 모든 영어 교과서는 12과로 되어 있다. 각 교과서의 난이도는 3단계 정도 된다. 각 단원에는 꼭 알아야 되는 문법과 숙어도 하나씩 들어 있다. 중학교 1학년 교과서부터 고등학교 영어 II까지 교과서에 있는 문법은 총 72개로 현재 미국에서 주로 사용되는 것들을 수록한 것이다. 이를 암기하면 독해와 회화까지도 아우를 수 있다.

수능 시험에 출제되는 문법도 교과서 중심이므로 이 정도만 알아도 문법은 별 문제가 되지 않는다. 영문법 학자가 되기 위해서 공부하는 것이 아니라면 문법에 치중할 필요는 없다. 수능에 나오는 문제 수도 많지 않다. 시간을 아낄 수 있는 효과적인 공부 방법을 선택해야 한다. 물론 그것만으로는 충분하다고는 말할 수는 없다. 그러나 교과서에 있는 문법부터 소화를 한 뒤에 문법 교재를 선택하는 것이 순리다.

문법도 이해를 한 후에는 반드시 문장을 암기하는 것이 좋다. 문법만 따로 공부하는 것은 바람직하지 않은 방법이다. 문법 실력이 다소 부족해도 회화나 해석은 가능하다. 발산형 과목이면서 같은 어학 계열인 국어 시험에서도 문법은 중요하게 다루지 않는다.

해석이 안 되어서 문법을 해야 한다는 말도 있다. 평소에 공부하는 습관이 잘못된 결과다. 우리나라 영어 공부가 잘못되고 있다는 사실은 누구도 부인하지 못할 것이다. 외국의 영어수업은 듣기, 읽기만이 아니라 학생들의 말하기, 쓰기 같은 표현 능력을 향상시키는 방향으로 진행된다. 의사소통은 말하기가 돼야 가능하기 때문에 회화에 중점을 두면서 문법은 양념 정도로 섞어서 가르치는 것이다.

어학은 한두 단어를 몰라도 전체적인 뜻을 전달받는데 큰 지장이 없는 것이다. 국어를 공부할 때는 정확한 뜻을 모르는 단어가 영어보다 더 많다. 그런데도 국어에서는 그 뜻을 추측하고 넘어간다. 영어도 국어와 마찬가지라고 생각하면 된다. 해석을 위해 문법에 매달리기보다 본문을 읽고 줄거리를 생각해보거나 써보려는 노력을 하는 편이 더 좋다.

영어에서도 국어에서처럼 공부하는 양이 부족하다는 느낌이 드는 학생이 있을 것이다. 그럴 때는 하루에 영어를 공부하는 시산의 범위에서 부교재를 사용하면 된다. 부교재를 찾을 때는 어려운 것만 찾지 말고 현재의 자신의 수준에 맞는 부교재를 선택해서 여기에서 제시한 공부 방법을 활용하면 된다. 이런 소리를 하면 학생들은 노트를 한권 더 준비하는 학생도 있었다. 나의 뜻을 잘못 받아들인 학생이다. 노트의 숫자는 줄여야 한다.

영어내신 잡는요령

- 우리나라에서 학교 시험의 출제 유형은 단순하다. 해석만 잘 하면 풀 수 있다. 말하기는 출제하는 학교가 없다. 듣기는 전국 규모로 따로 치른다. 쓰기를 출제하는 학교도 없으니 결국 내신에서는 읽기만 남는다.

- 중간고사나 기말고사가 시작되는 일정한 기간 전에 기존의 공부를 일시 중단을 한다. 기존의 공부하는 내용이 시험범위에 겹쳐도 중단한다.

- 시험 범위 내에 있는 과의 본문을 암기가 되도록 큰 소리로 반복해서 읽는다. 너무나 평범한 이야기다. 고등학교에서는 간혹 교과서 외의 참고서 내용이나 모의고사가 학교 시험 범위에 들기도 한다. 그러나 공부하는 요령은 같다. 본문 내용을 암기할 기세로 일단 많이 읽는 것이다. 읽을 때마다 해석도 하고 전체 줄거리도 파악하는 것이 좋다. 줄거리는 읽을 때마다 달라질 수도 있으나 개의치 말고 읽으면 된다.

- 완전하게 암기하지는 못하더라도 한글을 읽는 속도로는 읽을 수 있어야 한다. 영어로 줄거리쓰기까지는 안 해도 좋다.

- 문법은 시험 범위 내에서 선생님이 설명한 내용에서 출제가 된다. 국어처럼 읽기가 되고 문법의 예시 문항을 암기하고 있으면 걱정할 필요 없다.

(※ 이 요령은 여기에 제시된 영어 공부 방법을 충실하게 3개월 이상 공부한 사람에게만 해당한다. 영어의 기초가 기본적으로 갖추어진 학생에 한한다는 말이다.)

영어 노트를 정리하는 요령

교과서 한과는 본문을 중심으로 3등분 되어 있다.

① 본문의 앞부분을 읽으면서 모르는 단어나 숙어가 있으면 밑줄 긋기를 하면서 읽는다. 읽은 부분의 전체 내용의 줄거리를 확인한다. 본문의 앞부분은 그 단원에서 배워야 할 내용에 대하여 가이드 역할을 하는 부분이다. 충분히 이해를 했으면 밑줄 그은 단어가 있는 문장을 노트에 적는다.

노트 한 페이지를 세로로 반 등분해서 왼쪽에는 영어 문장을 쓰고 오른쪽에는 번역된 한글을 쓴다. 출처도 밝히는 것이 좋다. 나중에 해석하기 어려운 문장의 출처를 쉽게 찾아가기 위해서다. 출처는 영어에서는 수학처럼 절실하게 필요하지는 않다. 노트에 기록된 문장이나 단어 숙어는 암기도 수반되어야 하고 복습도 되어야 한다. 완전학습이다.

그러나 중학교 3학년 교과서부터는 숙어와 단어를 쓸 수밖에 없다. 이때도 문법은 예문 전체를 써서 암기해야 한다.

Check

완전학습을 위한 영어 노트 활용법

특정 페이지에서 세로로 반을 접어서 번역된 부분만 보이게 한다.
번역된 부분을 보고 빠르게 영어로 쓴다. 단어 숙어만 있는 곳은 1분 30초 전후의 속도, 문장이 쓰인 곳은 4분 30초 내외의 속도가 되어야 한다.
희미하게 기억되어 있거나 머릿속에 없는 단어, 숙어, 문장은 틀린 표시를 하고 그 부분은 다시 복습한다. 틀린 것이 항상 틀리게 되어 있다.

② 이제 본문을 읽으면서 모르는 단어와 숙어를 밑줄 긋기를 한다. 본문 읽기가 끝났으면 이제 그 읽은 부분의 줄거리를 머릿속에 생각해야 된다. 줄거리를 생각할 때는 국어를 공부할 때와는 달리 본문의 내용을 두번 세번 보면서 정확하게 생각해야 된다. 내용이 쉽고 모르는 단어가 거의 없기 때문에 쓰기도 가능할 것이다.

영어도 어학이므로 줄거리가 맞는지 틀리는지는 확인할 필요까지는 없다. 그리고 쓰기 따로 읽기 따로 말하기 따로 듣기 따로 하는 공부가 되어서는 안 된다.

본문에서 밑줄 그은 것들을 노트에 정리하여 암기를 한다. 노트 정리는 본문 앞부분과 마찬가지 방법으로 하면 된다.

③ 본문의 뒷부분에는 일반적으로 문법이나 숙어가 한두 개 있다. 문법이나 숙어를 유념하면서 본문의 앞쪽에서 공부하는 방식대로 한 후에 노트 정리를 한다. 암기를 하되 공부를 한 그날 해야 된다. 제때에 하지 않으면 암기가 잘 되지 않는다. 복습 프로그램에 따라 복습도 해야 된다.

03
계단을 오르는 수학 공부법

수학은 수렴형 과목이다. 따라서 피드백 이론이 가장 잘 반영될 수가 있는 과목이다. 수학에 흥미를 잃은 학생이나, 공부를 하는 양만큼 점수가 오르지 않는 학생이라면 꼭 한번 읽어 보기를 권한다. 학원이나 선생님에게 의존하지 않고 혼자서 공부하는 것을 전제로 한다. 피드백을 어디까지 하느냐는 학생 개개인의 성취 정도에 맞춰 잡으면 된다. 그 이후에는 이 책에서 제시한 공부 방법을 적용하면 보다 효과적인 공부를 할 수 있다.

성적이 너무 낮아서 안 될 것이라고 생각하지 말고 실천해보라. 성적이 낮은 학생은 공부하는 데 걸리는 기간을 약간 길게 잡고 실천하면 된다.

❋ 5단계로 공부하는 수학

지금부터 설명하는 공부방법은 수능 10여일을 앞두고 공통수학부터 수 I 또는 수 II를 모두, 그것도 하루 2~3시간만 할애하여도 3회 성도는 복습을 할 수 있는 공부 방법이다.

① 피드백이 된 교과서의 개념들을 스스로 노트에 정리한다.

개념을 정리할 때 문제까지 풀이하면서 가면 안 된다. 또 두번 세번 읽으면서 반드시 정독을 해야 한다. 이렇게 정독을 하면 국어 공부도 된다. 국어의 독해 연습에서는 가벼운 마음으로 대충대충 읽으면서 공부를 해서 정독의 기회가 없다. 수학을 이렇게 정독하며 국어의 모자라는 부분을 채울 수가 있는 것이다. 속독과 정독이 동시에 이루어지면 좋다. 수학은 국어 공부하는 방법과는 반대로 해야 되는 과목이면서도 독해력이 필요한 과목이다.

Check

개념정리 순서

- 하나. 정독을 하면서 내가 모르는 부분이나 내가 알고 있더라도 중요한 부분이라고 생각되는 부분은 밑줄 긋기를 한다. 노트와 메모의 차이점을 명확하게 가지면 밑줄을 그어야 할 부분을 알 수 있을 것이다. 노트는 책이다. 책에는 완결성과 체계성이 있어야 한다. 그러나 메모에는 체계적인 요소까지는 필요하지 않다. 메모는 단순히 망각을 대비할 뿐이다. 노트에는 내가 알고 있는 부분이라도 반드시 정리를 해야 된다. 참고서를 만드는 저자의 심정으로 정성스럽게 밑줄을 긋는 것이 중요하다.
- 둘. 하나의 소단원에서 밑줄 긋기가 끝나면 그 소단원의 전체내용을 음미한다. 밑줄 긋기가 빠진 부분을 찾아보기도 하고, 밑줄을 그은 것 중에서도 중요한 내용이 무엇인가를 알아본다. 학습목표와 비교도하면 더 좋다.
- 셋. 밑줄 친 부분들을 노트에다 정리한다. 교과서의 밑줄 그은 부분을 중심으로 정리를 한다. 국어에서 설명하는 방법 중에서 정의의 방법으로 한다. 쉽게 말해 문제집에 정리되어 있는 것처럼 하면 된다. 교과서의 개념들은 충분하게 숙지하고 있어야 한다. 수학에서 개념이나 공식은 나중에 응용된 문제까지도 용이하게 풀 수 있게 하는 힘의 원천이 된다. 수학을 국어라고 생각하면서 요약과 정리를 해야만 개념을 정확하게 이해할 수가 있다. 노트를 잘 정리해서 언제든지 복습이 되게 해야 된다.

② 교과서 속의 문제들을 풀어 본다.

하나의 소단원을 정리하고 암기한 후에는 그 소단원의 문제들을 풀어야 한다. 동시에 다음 소단원의 개념정리를 해나가야 한다. 개념 정리와 문제풀이를 하는 과정에서, 진도가 소단원 두개 이상으로 벌어지면 안 된다. 문제를 풀이하는 과정에서 이미 이해력과 응용력이 급격히 약해질 수 있으므로 진도 조절에 유의해야 한다.

중요한 것은 단순히 문제를 풀어 보는 데서 그치지 말고 한번 풀어서 답이 나오지 않는 문제는 반드시 노트에 정리해야 한다. 실수로 풀지 못한 문제도 노트에 정리해야 한다. 고사장에서 실수를 너그럽게 인정하는 곳은 없다.

문제풀이가 안 될 때 자습서를 참고할 수도 있으나 이 방법은 권장하고 싶지 않다. 안 풀리는 것이 아니라, 조금만 노력하면 풀 수 있는 문제까지도 자습서를 보려는 생각이 들기 때문이다. 공부는 힘들게 해야 한다. 쉽게 하는 공부는 오히려 창의력을 떨어뜨리는 결과를 초래한다. 자습서는 노력하다가 정말로 안 풀릴 때 보는 것이다. 실제로, 옆에 자습서를 두고 수학문제를 푸는 학생을 본 적이 있었다. 받아쓰기를 하듯이 자습서의 내용을 그대로 옮겨 적는 모습이었다. 물론, 그 학생의 성적은 최하위권이다. 그런 습관을 고치는 것은 불가능에 가깝다. 그러므로 애초에 그러한 위험을 배제하는 것이 좋다.

요약된 내용을 충분히 암기하고 있는 학생에게는 풀리지 않는 문제는 거의 없도록 교과서가 편찬되어 있다. 그러나 한번 풀어서 풀리지 않는 문제는 별도로 제시된 수학 노트정리 방법에 따라 노트정리를 한다.

그리고 노트에 있는 개념과 문제들은 복습하는 요령에 따라서 철저히 복습을 해야 한다. 5과에 제시한 복습 길라잡이 표에 따라 복습한다. 이를 잘 따르면 기억하지 말라고 해도 기억될 수밖에 없다. 한 가지 내용을 1주일 정도 보면 공부를 하던 그 순간의 이해력과 응용력이 그대로 살아 있다. 공부를 하는 각 부분마다의 이해력과 응용력이 그런 상태에서 융합이 된다면 그 상승 능력은 대단할 수밖에 없다. 사고력의 발달과 함께 성적이 향상된다. 복습은 하지 않고 문제집을 바꾸어서 진도만 나가는 것은 개미가 쳇바퀴를 돌듯이 틀린 문제는 영원히 틀리게 된다. 이 점에서 수학은 국어와는 다른 특성을 가진 과목이다.

③ 난이도가 다른 문제집(상, 하)을 각각 한권 정도를 마련한다.

문제집에서는 개념을 정리할 필요까지는 없다. 교과서에서 충분히 정리되었기 때문이다. 자기가 요약 정리한 것이 오히려 문제집 속의 요약 내용보다 나을 수 있다. 다만, 문제집은 교과서보다는 약간 범위가 넓기에 요약되어 있는 부분 중에서 교과서에 없는 것만 노트에 첨가하면 된다.

문제집용 노트를 얇은 것으로 한권 마련한다. 마찬가지로 한번 풀어서 풀리지 않는 문제는 반드시 노트에 정리하되 출전까지도 표시해야 한다. 복습할 때 필요하다. 이제는 다른 문제집을 또다시 보지 않을 것이기 때문에 노트정리가 무엇보다도 중요하다. 이렇게 써놓고 보면 쉬워 보이지만, 실제로 문제를 풀어가는 학생의 입장에서는 불가능에 가까울 정도로 힘이 드는 작업이다. 그럴 때는 문제집끼리의 간격을 벌리거나 어려운 문제집을 중단할 수도 있다.

　수학 노트를 두권으로 하는 것은, 일정한 복습 단계가 지나고 나면 교과서를 정리한 노트를 매일 복습할 이유가 없어지기 때문이다. 문제집까지 완성한 단계가 되면 문제집용 노트의 내용을 50%이하로 알아도 교과서를 정리한 노트는 90% 이상을 알 수가 있게 된다. 이때쯤이면 교과서를 정리한 노트는 한달에 두번 정도만 복습해도 된다. 이 과정에서 교과서를 정리한 노트 중 풀리지 않는 문제는 문제집을 정리한 노트에 다시 정리해가면 계속해서 복습이 이루어진다.

　교과서와 문제집 두권을 일정한 시차를 두고 공부하는 것이 제일 좋다. 그러나 공부할 내용이 수학 아닌 다른 과목도 있으므로 시간적으로 실천하기 어려울 수도 있을 것이다. 교과서를 완성하고 난 다음에 문제집 두권을 하는 것도 괜찮다.

　문제집의 문제를 풀이 할 때, 절대로 풀이과정을 보면 안 된다. 풀이과정을 옆에 두고 문제를 풀이하는 것은 수학 성적이 오르지 않는 유일한 이유다.

　풀이 과정을 과감하게 없애거나 부모님이 보관하는 방법도 좋다. 용기와 끈기를 가지고 공부를 해야 한다. 그리고 한번에 풀리시 않는 문세는 출전과 문제, 그리고 정답만 노트에 정리해서 복습을 해야 된다

④ 이미 정리되어 있는 노트는 완전학습(복습)을 해야 한다.
　학생들은 한번 봤던 문제이기에 노트를 다시 보기 싫어한다. 이는 반드시 극복되어야 할 장애물이다. 실제로 고등학교 2학년 학생이 교과서

용 노트는 90% 정도, 문제집용 노트는 60% 정도를 아는 상태에서 모의
고사를 보았는데 2등급이 나왔다.

Check

완전학습을 위한 수학노트 활용법

노트의 특정 페이지에서 정답 부분을 접어서 보이지 않게 한다.
빠른 속도로 문제를 푼다. 이 때, 시간을 재면서 하는 것이 좋으나 영어와
는 달리 문제마다 난이도가 다르므로 시간을 재는 것이 무의미할 수도 있
다. 더듬거리지 않으면서 한번에 풀 수 있으면 된다. 그렇게 안 되는 문제
는 틀린 것으로 간주하고 복습을 한다. 풀지 못한 문제라고 표시도 한다.
틀린 문제라고 표시가 된 문제는 출처에 가서 틀린 이유를 확인한다. 이때
틀린 이유를 찾아야 하는 문제와 그렇지 않은 문제에 대해서는 스스로 판
단할 수 있어야 한다.

⑤ 모의고사 후에는 문제집용 노트에 오답을 정리해 복습한다.

마찬가지로 풀이과정이 노트에 들어가면 절대로 안 된다. 교과서와
문제집 2권을 완성하고 난 다음에는 다른 문제집을 공부하려고 하지 말
고 노트만 100%알려고 노력하면 된다. 이쯤되면 성적은 이미 최상위 그
룹에 가 있다. 모의고사에서 틀린 문제, 학교 시험에서 틀린 문제들만 노
트 정리하고 완전학습을 하면 된다. 수렴형 과목이다.

🍀 수학 문제 핵심 노트법

① 노트의 한 페이지에는 문제와 답, 그리고 출전만을 쓴다. 답은 그 페이지의 오른쪽에 여백을 만들어 쓴다. 복습할 때는 그 부분을 접을 수 있어야 한다. 다른 과목과는 달리, 수학에서 출전이 꼭 필요하다.

한번 틀린 문제를 다시 틀리는 경우가 많기 때문이다. 복습을 하면서 풀리지 않는 문제를 나름대로 표시해보면 같은 문제에 매번 체크가 되는 것을 알 수 있다. 문제의 출처를 아는 데 시간을 쓴다는 것은 어리석은 일이다. 빠르게 찾아 들어가서 풀이 과정이나 설명한 내용을 보아야 한다.

② 노트의 한 페이지 속에 너무 많은 문제를 넣는 것도 좋지 않다. 복습할 때 지루함을 느끼고 짜증도 난다. 한 페이지 속에는 10문항 내외 정도가 좋다. 단, 중학생의 경우에는 많이 들어가 있어도 지루함을 느끼지 않는다.

③ 풀이과정은 절대 노트에 씨두면 안 된다. 인간은 산사한 동물이라서 쉽고 편하게 살려는 본능을 가지고 있다. 복습하다가 마음대로 풀리지 않으면 그 풀이과정을 보게 되어, 연구하는 자세가 형성되지 않는다. 연구하는 자세가 흐트러지면 공부하는 능률이 떨어지고 집중력도 약화된다.

④ 문제집을 자주 바꾸면서 공부를 하면 안 된다. 수학은 수렴형 과목이다. 문제집을 많이 보는 것은 돈과 시간만 낭비하는 꼴이 된다. 발산형 과목은 여러 개의 문제집을 보는 것이 중요하다. 그러나 수렴형 과목은 하나의 문제집을 완전하게 정복하는 것이 중요하다.

04 하나로 묶어서 끝내는 사회와 과학 공부법

고등학생이라면 중학교 과정까지 피드백을 하자. 실력이 낮은 학생에게 하는 소리만은 아니다. 1등급을 목표로 하는 학생일수록 필요한 공부 방법이다. 공부를 할 때는 기초실력이 중요한 것이다.

고등학교 2학년인 학생은 인문계와 자연계를 불문하고 중학교 사회와 과학 과정과 고등학교1학년(공통과정)의 사회와 과학 과정을 모두 복습해야 한다. 그러나 고등학교 3학년 학생으로서 시간에 쫓기는 학생은 부득이하게 생략할 수도 있다. 그러나 사회와 과학 중 자기가 선택한 과목은 공통과정을 반드시 해야 한다.

고등학생이 중학교 과정을 볼 때는 문제집까지 볼 필요는 없다. 국어를 공부하는 자세(이제는 정독을 의미함)로 교과서를 요약 정리하면 된다. 그러나 고등학교 교과서를 공부할 때는 문제집과 병행하는 것이 필요하다.

중학교 과정을 공부할 때 고등학교에서 선택한 과목과 연결되는 과목만 발췌해서 공부하면 안 된다. 중학 과정의 사회나 과학 전 부분을 보아야 한다. 다시 강조하지만 모든 과목은 유기적으로 연결되어 있다. 사회와 과학이 전혀 무관한 것으로 인식될 수가 있으나 학생의 두뇌를 개발하는 데는 모든 과목들이 필요하다. 국어를 공부하는 기회도 된다. 사회나 과학을 공부할 때는 국어를 공부하는 자세로 해야 된다. 국어를 속독 위주로 공부를 하고 있으므로 수학, 사회, 과학은 정독을 하는 것이 좋다. 그리고 사회나 과학 교과서의 내용이 대학수학능력시험에서 언어영역의 지문으로 등장한 경우도 있었다.

사회와 과학의 경우에는 중학교 과정을 공부하면 중학교 과정을 공부하지 않는 경우보다 더 높은 점수에 도달할 수 있다. 예를 들어 고등학교 1학년 사회에서 독도법은 중학교 1학년에서 이미 나온 것이다. 모의고사 성적이 3~4등급 내외의 학생의 경우, 중학교 1학년 과정까지 피드백을 하면 1등급이나 최상위 그룹에 진입하기가 굉장히 수월하다. 성적이 하위권에 있는 학생도 이렇게 하면 1등급으로 가는 데 별 무리가 없다.

흔히들 사회와 과학을 어떻게 혼자서 할 수가 있느냐는 말을 한다. 교과서 편제 원리를 아는 사람이라면 할 수 없는 말이다. 성적이 상위권에 있는 학생이라도 중학교 때 배운 내용 모두를 기억하고 있는 사람은 없다. 교과서는 중학교 과정을 정상적으로 공부한 학생이면 누구나 혼자서도 공부를 할 수 있도록 구성되어 있다.

또한 언어, 외국어, 수리 영역을 공부한다고 사회나 과학을 할 시간이 부족하다는 이야기를 한다. 그러나 이 책의 공부법대로 실천하여 독해력이 길러지면, 수학을 확실하게 잡을 수 있게 된다. 그러면 수학에서 1일 1~2시간을 사회 또는 과학으로 가져올 수가 있다. 그 때 시작해도 큰 문제는 없을 것이나, 내신을 염두에 둔 사람이라면 격일로 하거나 토요일과 일요일을 활용하는 것도 좋을 것이다. 방학 기간도 있지 않은가.

고등학생이 중학교 과정을 공부하는 데 소요되는 시간은 그리 많지 않다. 2개월 정도면 충분할 것이다. 기초를 튼튼하게 하고 노트를 완전 학습을 하면서 거북이처럼 천천히 가야만 조금이라도 더 높은 점수를 받을 수 있다.

✽ 사회와 과학, 완전정복의 길

사회와 과학은 내용상 분명히 다르다. 사회는 일반적으로 문과, 과학은 이과라는 개념이 강해 이 두 과목은 공부 방법이 전혀 다를 것이라고 생각하기 쉽다. 그러나 사회와 과학의 공부 방법은 비슷하다. 여기서는 각각의 단계에 따라 사회와 과학을 공부해나가는 구체적인 방법을 설명하겠다.

① 소단원별로 읽으면서 밑줄 긋기를 한다.

- 사회 : 지도나 도표 등이 있으면 충분히 이해를 해야 되고, 지도에 사용되는 기호 등은 암기할 준비를 해야 한다. 지도 등은 복사를 해서 노트에 첨가해서 항상 볼 수 있도록 해야 된다.
- 과학 : 그래프나 도표 실험 과정 등이 있으면 충분히 이해를 해야 한

다. 그래프나 도표 등은 그리기가 어려우니까 복사를 하여서 노트에 붙여 두고 항상 복습을 하는 것이 좋다.

② 소단원의 전체 구성을 이해하고 단원의 필요성을 확인한다.

소단원의 학습목표와 연관지어 공부하면 알 수가 있다. 모든 과목에서 특정 단원의 존재 이유를 알면 그 단원의 공부는 거의 완성된 것이다. 시작이 반이라는 말도 있지 않은가.

③ 밑줄 그은 부분은 노트에 정리한다.

사회나 과학 안에는 다양한 과목들이 존재한다. 그들을 공부할 때는 한권씩 차례대로 하면 안 된다. 공부하고자 하는 사회 전 과목, 혹은 과학 전 과목을 동시에 시작하는 것이 좋다. 국어와 수학이 독해면에서 상호보완 관계가 성립하듯이, 사회나 과학의 과목들끼리도 상호 보완관계에 있다. 모든 과목이 유기적이라는 사실을 기억하자.

(※구체적인 노트정리 요령은 후술)

④ 교과서 문제를 푼다.

교과서에 있는 문제는 단순히 풀 수 있는 문제만으로 구성되어 있지는 않다. 시간과 노력이 많이 필요하다. 본문에 있는 내용을 충분히 소화하고서도 풀 수가 없는 것은 자습서를 활용해야 한다. 진도를 의식해서 약간의 노력만 있으면 풀어지는 문제까지도 자습서에 의존하면 안 된다. 자습서 활용 시에는 자습서의 부작용을 기억해야 한다. 답지 등에 의

존하려 하지 말고 문제를 혼자서 풀려고 하는 노력이 필요하다.

⑤ 암기를 하자.

학생들이 진도만 빨리 나가려고 하고, 머릿속에 암기하는 것을 게을리 하는 것을 본다. 암기는 제때에 해야 한다. 뒤로 미루다 며칠 뒤에 암기를 하려고 하면 암기 자체가 되지 않는다. 응용력도 생기지 않는다. 학생들을 지도할 때 암기가 잘 되지 않는 부분을 다시 공부시켜야 되는 경우도 있었다.

이해력을 높이려면 암기는 필수다. 시간에 쫓겨서 대충대충 하면 오히려 시간을 버린다. 그 부분을 다시 공부해야 된다. 그런 식의 공부는 하지 않는 것보다 못하다. 효과적으로 암기를 하려면 노트를 복사하여 문제를 만들어서 활용하면 된다.

(※수학 공부법의 암기 요령을 적용)

⑥ 교과서가 끝나면 가능한 얇은 문제집을 선택, 문제풀이 하자.

얇아도 들어 있을 것은 다 들어 있다. 문제집을 만드는 사람이 필요한 내용을 빠뜨리거나 불필요한 내용을 첨가하지는 않는다. 그리고 문제집을 풀면서 틀린 문제는 왜 틀렸는지 생각하면서 노트에 첨가해야 된다.

⑦ 모의고사나 학교 시험은 반드시 오답노트를 하자.

문제집까지 완성된 상태라면 모의고사 성적은 이미 1~2등급에 가 있다. 이제부터는 선생님이 강조하는 내용 등 중요한 것들과 모의고사, 학교 시험 등을 오답노트 하면서 복습만 할 수 있는 여유가 생긴다.

만약 오답노트가 학교숙제라면 선생님은 여러 과목을 하나의 노트에 정리한 것을 보고 이해할 수가 없을 것이다. 그렇다고 검사용 노트를 따로 만드는 것은 시간낭비일 뿐이다. 수거해간 날 선생님께 찾아가서 내 노트 하나 만이라도 먼저 검사해달라고 하는 것이 최선이다. 노트를 분실하면 안 된다.

(※5과의 오답노트 하는 요령을 참고)

⑧ 복습을 진도보다 많이 하자.

사회와 과학은 많아야 3~4과목이다. 국어, 영어, 수학을 공부하는 것과 비교해보면 교과서 한권 분량이 그리 많지 않다. 세네권의 교과서라도 독해력이 있는 사람이라면 늦어도 3개월이면 완성할 수 있다. 천천히, 완벽하게 복습하면서 공부하면 된다.

⑨ 노트의 숫자를 줄이자.

사회와 과학은 과목별로 그 내용이 매우 나른 경우도 있으나 보다 효율적인 공부를 위해서는 노트를 한권으로 만드는 것이 좋다. 과목끼리 연관시켜서 문제를 출제할 수도 있다. 복습할 때도 편리하다. 이 과목을 복습할지 저 과목을 복습할지 망설여지지도 않는다. 언제든지 손에 잡히는 대로 펴서 짧은 시간에 전체 과목을 복습할 수가 있다.

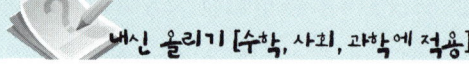

내신 올리기 [수학, 사회, 과학에 적용]

- **내 진도와 학교 진도가 같을 때** : 이런 때는 문제가 간단하다. 노트 정리가 잘 되어 있으므로 노트를 완전학습하면서 중간 난이도의 문제집을 한 권 정도 풀이하면서 오답노트를 한다. 완전학습도 한다.
- **내 진도와 학교 진도가 다를 때** : 학교 시험이 있기 약 한달 전쯤에 내 진도를 중지한다. 다만, 복습은 매일 해야 한다. 교과서와 문제집을 학교의 시험 진도에 맞추어 공부한다. 다음에 혼자 공부할 때 그 부분은 다시 보지 않을 수 있도록 완벽하게 해야 한다. 노트의 순서가 흐트러질 수 있지만 노트가 완전학습이 되면 아무런 문제가 없다. 실제로 검증된 내용이다. 노트를 완전학습 한다.

✳ 출제경향으로 본 사회탐구 공부법

사회탐구는 개념원리의 이해 및 탐구능력을 측정하는 문제를 포함해서 여러 종류의 문제를 골고루 출제한다. 문제를 종합할 수 있는 능력을 길러야 된다. 기초지식은 물론이고 고차원적 사고력도 길러야 한다.

사회탐구는 다른 영역에 비해 기출 문제를 변형해서 출제하는 경향이 높다. 시험 출제 범위가 국어처럼 광범위하지는 않기 때문이다. 그러므로 교과서를 정복한 후에 모의고사를 오답노트 하면 만점에도 도전할 수 있다. 대신에 수능을 기준으로 볼 때, 1문항 당 1분 30초(20문항×1.5분=30분) 내에 풀도록 출제가 되므로 문제를 빠르게 푸는 능력도 길러야 한다. 국어공부 즉, 독해 연습이 곧 문제풀이 속도를 높이는 방법이다.

사회 과목은 단순히 암기만 하면 된다고 생각하기 쉽지만 결코 그렇지만은 않다. 중학교 때처럼 국어나 영어, 수학부에만 치중하다 시험 때 암기하면 되겠지 했다가는 큰코다칠 수 있다. 기출문제만 외우는 것도 문제가 된다. 모든 공부는 응용력을 기르는 것이 목표가 되어야 한다. 기출문제는 출제 유형을 파악하는 정도로 활용하자. 평소 노트 필기를 성실히 하고 교사가 나눠 주는 유인물까지 꼼꼼하게 노트에 정리해야 한다. 수행평가 과제물도 기한 내에 제출하는 습관을 길러야 한다.

❀ 출제경향으로 본 과학탐구 공부법

과학탐구 영역은 교과 특성상 그림이나 도표, 실험 자료를 활용한 문제가 많이 출제된다. 기존에 흔히 나왔던 것이라도 중요한 것은 사회처럼 조금씩 변형시켜서 출제하기도 한다. 교과서의 기본 개념과 그래픽을 완벽하게 이해하고 거기에 따르는 문제를 풀어 보는 것이 필요하다. 특히 학문과 실생활의 소재를 연결하여 출제되기도 하므로 교과서의 '생활 속 과학' 분야를 세심하게 공부해야 한다. 실험이나 기본 개념을 생활 주변의 소재들과 비교해서 정리하는 것이 필요하다.

과학탐구는 종합 사고력을 측정하도록 단원 간 통합 문제를 출제한다. 출제비율은 해당 과목의 전 범위에 걸쳐 고르다. 과학 개념의 이해 및 직용과 관련된 것이 전체 문세의 절반 정도를 차시한나. 국민공동기본교육과정에서 배운 내용도 출제 범위에 포함시킬 수가 있다. 즉 본 과목과 연계되는 내용은 무엇이든지 출제가 가능하다.

과학에서는 기본 개념에 대한 이해를 바탕으로 하여 사고력과 문제해결력을 측정하는 쪽으로 문제를 출제하기 때문에 기본 개념을 정확히 이해해야 한다. 중요한 개념은 언제든지 다시 나올 수 있으므로 개념을 정확히 이해해야 한다.

또 각각의 개념을 따로 이해하기보다 서로 관련지어 이해하면 더 좋다. 예를 들어 물체의 운동을 힘, 속력, 속도, 가속도와 관련지어 이해하고, 구름과 비, 안개를 습도, 이슬점, 포화수중기량과 관련지어 이해하는 것이다. 만약 생물1, 화학1을 선택한 학생 중 고득점을 원한다면 기본 개념의 이해와 함께 특정 분야의 경우 암기가 필요하다. 도표나 그래프 등도 충분하게 이해하고 복사하여 노트에 정리하는 것도 필수적으로 해야 할 일이다.

탐구과정은 실제 실험과 연관시켜 생각해보아야 한다. 과학과 기술이 인간생활에 미치는 긍정적 부정적 입장, 과학자의 사회적 책임, 과학적 태도 등도 주의깊게 공부할 내용이다.

물리에서 '물체의 운동'은 그래프로 많이 나온다. 기울기의 의미와 밑면적의 의미를 충분히 이해하고 있어야 될 것이고 등가속도 운동은 단순히 공식을 암기하는 것보다 시간-속도 그래프를 이해하는 쪽으로 공부해야 된다. 관성의 법칙은 실생활 사례, 가속도의 법칙은 힘과 가속도의 관계 계산, 작용 반작용의 법칙은 힘의 평형과 작용 반작용의 차이를 알아야 될 것이다.

화학은 화학식 이온식이 나오는 등 암기 내용이 많이 나오므로 이것들을 노트에 정리해서 완전학습을 해야 된다. 거름종이 위의 이온 이동이나, 소금의 결합구조와 전기 전도는 꼭 나올 수 있다.

생물은 교과서의 그림 도표 실험을 눈여겨봐야 한다. 효소의 기질 특이성에 관한 그림과 온도와 액성에 따른 효소의 반응 속도 그림이 중요하다.

　지구과학은 판구조론이 가장 중요하다. 우리나라와 일본 주변의 지각변동, 해령, 해구, 습곡산맥, 변환단층 등을 지도로 확인하고 경계별 특징 등을 알고 있어야 한다.

☞ 선택과목 선택하기

사회와 과학은 그 안에 여러 과목들을 포함한다. 너무 다양하여 수능시험에서 몇 과목을 선택해야 한다. 아래 사회와 과학에 포함된 과목들의 핵심내용을 정리해놓았다. 가장 친근감이 가는 과목을 선택하는 것이 좋다. 내가 좋아하거나 흥미로워 보이는 과목을 선택하면 지루함이나 공부에 대한 거부감이 줄어든다.

✔ 사회탐구 핵심 포인트

• 윤리

서양 윤리 사상의 두 흐름을 완전히 파악해야 한다. 전체적인 흐름과 각 사상의 공통점, 차이점을 알아두는 것은 물론, 교과 관련 용어를 현실사례와 접목하여 구체적으로 이해해야 한다. 원효와 지눌의 불교 사상, 에피쿠로스학파의 윤리 사상, 자본주의의 윤리적 쟁점, 칸트의 의무론적 쟁점, 동서양의 자연관, 정약용의 실학사상, 주자학과 양명학, 플라톤의 윤리사상, 노자와 장자의 사상.

• 국사

고려와 조선시대 경제정책을 비교해야 한다. 고려와 조선시대 토지정책은 자주 출제되므로 변화 과정과 각 정책의 차이점을 알아둘 필요가 있다. 삼국 간의 항쟁, 발해사의 성격, 고려 시대의 정치 변천, 붕당 정치의 전개, 영조와 정조의 통치, 조선 후기의 경제적 변화, 고려 조선시대의 사회 조직과 그 운영, 신분제의 변동역사 인식의 변화, 원효와 의상, 의천과 지눌, 조선 후기의 문학, 실학의 발달.

• 한국지리

답안을 꼼꼼하게 읽어야 한다. 자료를 분석하는 문제에서 당황해 틀리는 경우가 있다. 독도 관련 우리나라의 위치, 우리나라의 계절별 지역별 기후 특성과 주민 생활, 신생대 제4기 해수면 변동과 지형 발달, 사빈과 해안 사구, 카르스트 화산 지형과 주민 생활, 대형 할인점의 성장과 재래시장의 쇠퇴, 출산율 감소의 원인과 대책, 고령화 사회의 실버산업, 도심의 인구 공동화 현상, 수도권의 공업구조 변화, 개성공단과 남북 경제 협력.

• 세계지리

교과서에 나오는 그래픽 자료를 잘 익혀둬야 한다. 교과서에 나오는 그래프나 그림은 주제별로 묶고 자료를 이해하는 훈련을 해야 한다. 온대 기후 그래프 비교, 세계 석유 생산 소비 추세의 변화, 중국의 서부 대 개발, 앵글로 아메리카와 오스트레일리아의 농목업, 인도IT 산업의 경쟁력, 중남부 아프리카의 지역문제, 플랜테이션이 발달한 라틴아메리카의 농업, 러시아와 중앙아시아 국가들의 지리적인 특색, 우리나라 기업들의 동부 유럽 진출, 지구 온난화와 기후변화 협약.

• 경제지리

식량 자원을 생산하는 지역의 특징에 대해 정리해야 한다. 자료의 해석을 통해 특정 나라의 농업 특성에 대해 묻는 문제는 자주 출제된다. 세계 각 지역에서 일어나고 있는 환경 문제의 원인과 대책에 대해 알고 있어야 한다. 경제 발전의 지역 간 격차, 자원의 이용과 환경 파괴, 지대와 농업지역, 세계 에너지소비 구조의 변화, 공업 발달로 인해 나타나는 현상, 베버의 공업입지론, 미국과 서부 유럽의 공업입지 변화, 우리나라의 무역발달과 무역 구조 변화, 중심지의 계층 구조, 교통 수단별 운송비 구조, 관광 산업이 지역에 미치는 영향, 세계의 지역경제 협력기구.

• 한국 근현대사

일제의 시기별 식민지 교육 정책은 자주 출제된다. 1930년대 이후 대한민국 임시 정부의 활동을 구체적으로 알아 둬야 한다. 임시정부의 구성, 김구의 한인 애국단 조직, 임시정부의 이동 및 충칭 시기의 활동 등에 대해서도 공부해야 한다. 대원군의 정책, 개화사상과 위정척사 사상, 갑신정변, 갑오개혁, 광무

개혁, 동학 농민 운동, 의병 운동, 애국 계몽 운동과 독립협회, 일제의 식민지 정책, 3·1 운동과 대한민국 임시 정부, 항일 무장 투쟁, 신간회, 광복 후의 정치적 상황, 반민특위, 농지 개혁, 민주주의의 발전 과정, 통일정책.

• 세계사

당의 문화가 일본에 미친 영향 및 춘추 전국 시대 한·당·송·명·청 문화의 특징도 자주 출제되는 주제. 일본사는 반드시 한문제씩 출제된다. 선사시대 인류의 생활, 춘추 전국 시대의 사회 변화, 위진 남북조 시대의 문화, 고대 그리스 로마 문명, 인도 굽타 시대의 문화, 중세 유럽의 교황권 변천. 십자군 전쟁의 전개, 르네상스와 종교 개혁, 중국의 근대화 운동, 근대의 시민 혁명.

• 법과 사회

환경권과 관련된 문항은 잘 쓰지 않는 단어가 답으로 나오면 실수하기 쉽다. 교과서 해당 부분을 꼼꼼하게 살펴야 한다. 주요 사회 이슈를 파악하고 관련되는 교과 내용을 메모해 두는 습관을 길러야 한다. 법의 이념, 법의 일반 원칙, 부동산 거래, 민법의 기본 원리, 법정 상속분, 기본권, 행정구역 제도, 범죄 구성의 3요소, 행위 무능력자 제도, 법문화.

• 정치

구체적인 현실 사례를 교과 내용과 연계하여 제시하는 문항의 출제 비율이 높다. 도표나 자료를 분석하고 추론하는 능력을 키워야 한다. 헌법 개정이나 법률 개정 절차, 국회의 의결 정족수 등은 정확하게 암기해야 한다. 통치 기구의 역할과 관련해서 기초 교과 지식이 대단히 중요하다. 아테네의 민주정치, 사회 계약설, 직접 민주 정치적 요소, 정부 형태(대통령제와 의원 내각제), 선거구 제도, 권력 분립의 원리, 대의제의 위기, 국제 사회의 특징, 법문화.

• 경제

단순 암기를 지양하고 깊이 있는 이해를 해야 한다. 환율 국제수지 등 경제 개념을 확실히 알아야 한다. 그래프는 각 변인의 변화보다 종합적인 추세에 중점을 두어 파악해야 한다. 희소성, 기회비용, 수요공급 정책, 시장 실패와 정부 실패, 소득 분배 정책, 재정 정책과 금융 정책, GNP와 GDP, 절대 우위와 비교우위(특화), 환율.

• 사회 문화

사회 조직을 특성에 따라 분류할 수 있도록 기준을 명확히 익혀야 한다. 도표와 관련된 문제는 해당 도표가 나타내는 것을 정확하게 읽어 내야 한다. 핵심이 아닌 다른 말에 집착하는 것은 오답의 지름길이다. 사회문화 현상과 자연현상, 자료 수집 방법, 사회 문화 현장의 탐구 방법, 개인과 사회(사회 명목론과 사화 실재론), 기능론과 갈등론, 상징적 상호작용론, 사회 계층화 현상, 가족 문제, 문화 이해의 관점, 문화 변동의 원인, 사회보장 제도.

✔ 과학탐구 핵심 포인트

• 물리 I

잘 알고 있는 공식이라도 기계적으로 대입하지 않고 문제를 정확히 읽은 후 문제의 상황에 맞는 물리량을 파악해 공식에 대입하는 훈련이 필요하다. 주어진 조건을 잘 읽으면 문제 해결의 주요한 단서를 발견할 수 있다. 한문제를 풀더라도 지문을 하나하나 이해하고 무엇을 묻는 것인지를 정확히 파악해야 한다. 운동의 법칙, 운동량 보존 법칙, 역학적 에너지 보존 법칙, 빛의 간섭과 회절, 물결파의 간섭, 광전 효과, 이중 슬릿에 의한 회절.

• 물리 II

중력장에서의 운동과 물체의 충돌, 인공위성의 운동, 전력 비교, 키리호프의 법칙, R-L-C회로, 교류의 특징, 전자기파, 수소원자 스펙트럼, 보어의 원자모형, 방사선 붕괴, 에너지 준위, 원자핵의 기본입자.

• 화학 I

화학물질의 여러 가지 반응과 용도에 대해 개념도를 그리는 등 종합적으로 이해하고 정리해두는 것이 필수다. 자주 출제되는 내용이라도 생소한 실험을 소재로 하면 어렵게 느껴질 수 있다. 새로운 관점에서 문제를 해석하는 능력, 새로운 유형에 대한 응용력을 키우는 것이 중요하다.

• 화학 II

분자량의 계산식, 분자모양과 극성, 용액의 농도 계산, 반응열의 계산, 반응 속도식, 전지의기전력 계산.

• 생물 I

중요한 개념이나 지식은 그래픽 자료와 함께 암기하고 깊이 있게 이해해야 한다. 두 개 이상의 자료를 분석할 때는 상호 관련성을 곰곰이 따져 봐야 한다. 영양소 검출 반응에 의한 색깔의 변화, 혈액의 구성 성분과 기능, 산소 이산화탄소의 운반 과정, 여과 재흡수 분비가 일어날 때의 물질 이동 원리, 호르몬의 종류와 특성, 항상성 유지, 생식, 유전, 생명공학.

• 생물 II

세포막을 통한 물질의 이동 과정, 물질 대사, 3점 검정법을 통한 유전자 거리 측정, 단백질 합성과 유전 형질 발현.

• 지구과학 I

천체의 관측에 관한 문제는 매번 출제된다. 천체의 위치에 따라 달라지는 관측 시간과 위상 등은 정확하게 이해해두어야 한다. 천동설과 지동설의 정의를 구분해 이해하고 천동설로 설명이 가능한 천문 현상과 설명이 불가능한 천문 현상을 구분해 정리해두자. 판의 경계와 지각 변동, 구름과 비, 일기예보, 행성의 관측.

• 지구과학 II

광물과 암석, 대기의 안정도, 바람의 종류와 작용하는 힘, 판 구조론, 대기 순환, 행성의 운동, 별의 물리량, 지질 단면도 해석.

✿ 사회와 과학 끝내기 노트 한권

노트는 약간 두꺼운 것으로 한권만 준비한다. 노트에는 공부한 과목 순서대로 정리하면 된다. 그리고 노트에는 교과서명과 공부한 페이지를 명시한다. 복습할 때 인덱스의 역할을 해준다. 이 때 하나의 노트에 여러 과목의 내용이 들어가므로 암기를 완벽하게 하지 않으면 굉장히 혼란스럽다. 제때에 완전학습(암기)을 해야 한다. 노트의 몇 페이지 몇 번째 줄에 무슨 내용이 들어 있는가까지 알아야 한다는 의미다. 암기를 제때에 할 자신이 없으면 노트를 군이 한권으로만 하지 않아도 될 것이다. 노트를 한권으로 하라는 것은 제때의 암기를 강조한 것뿐이다.

여러 가지 과목을 하나의 노트에다 공부한 순서대로 정리하게 하였더니 거부감을 가지는 학생이 있었다. 암기를 완전하게 하지 못한 학생의 반응이었다. 이렇게 공부하면 복잡해질 것 같은 생각이 드는 사람은 과목별로 노트를 준비하는 수밖에 없다.

여러 과목을 하나의 노트에 정리하면 복습할 때 편리하다. 노트의 펼쳐 언제 어느 때나 사회의 전 분야를 하루에 골고루 복습할 수 있다. 노트의 각 페이지 윗면에 있는 복습 표시(正자 등)의 숫자가 작은 곳을 복습한다. 각 페이지별로 正의 표시 숫자가 10개만 넘으면 사회의 모든 영역이 머릿속에 남는 것은 물론, 응용력도 생긴다. 사진이나 도표, 지도(기호 포함), 통계, 연표, 그림, 그래프, 실험 과정 등 꼭 알아둘 필요가 있다고 생각되는 것들은 복사하여 노트에 붙인다.

노트를 정리할 때는 약간 듬성듬성하게 사용하면 좋다. 수업시간 등에 노트에 없는 내용을 들었을 때 첨가해야 될 내용이 다른 과목들보다 많다. 나중에는 모의고사나 학교 시험 오답노트도 해야 된다. 노트를 너무 깨끗하게 정리하려고 하지 말자. 성격상 노트를 깨끗하게 하려는 사람도 있으나, 어쨌든 듬성듬성하게 쓰는 것은 필요하다. 내가 만든 공책은 나만 알 수 있으면 되는 것이니 약간 지저분해진들 무슨 큰 일이 나겠는가.

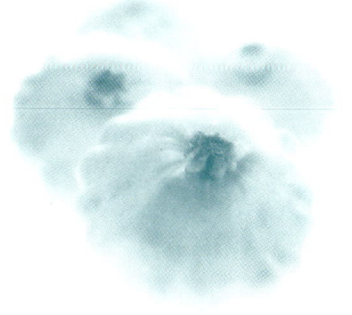

의외의 발견은 잃어버리기 위해 만들어진 것이다.

(국문학 사상 흐름(=장르) ; 근대시가, 향가, 한시, 경기체가, 시조
  국문학 장르 (= 종류) : 시, 소설, 수필, 희곡, 평론

─ 언어의 정의
(협의 ; 교재 내용
  광의 ; 협의 + 손짓 ‥‥‥

── 논리 전개 방식 ; 유추
✗ 유추 ; 추상적이고 어려운 ㄴ
          설명하는 방식
         (ex) 제로섬 사회 →

── 빼버려도 뜻의 변화가 없는 단락
  ; 예시 단락, 보충 설명(하는) 단락

── 글의 구성 방식 : 3단구성, 4단구성, 5단구성
        (설명문, 논설문   소설, 희곡
          수필 ; 기. 서. 결   기승전결

     원래 : 한시 (한문으로 된 시) 작법.
       { 기 : 시상을 불러 일으킴
         승 : 그 시상을 심화·발전 시킴
         전 : 시상의 전환
         결 : 시상을 끝맺음.
       글 : "시상"을 "주제"로 바꾸면 된다

국어 노트, 이렇게 정리한다!

국어노트는 큰 줄기를 중심으로 '한눈에 쏙' 들어오게 정리한다. 개념위주의 정리로 가장 기본적인 이론을 다지는 것이 중요하다. 깔끔한 노트 정리를 통해 한번 머릿속에 자리 잡은 개념들은 어휘수준을 올려주고 독해력 향상에 기여하며 전체 과목의 주춧돌 역할을 할 것이다.

⌐→ 핵심문장.

· 주지 + 상술.

· 주지 만드는 요령 ; 1. 기본문형으로 만든다.
　　　　　　　　　 2. 서술어부터 만든다. ⁽ᵉˣ⁾ 산다. ⌐ ⁽ᵉˣ⁾ 모든 인간은
　　　　　　　　　 3. 주어를 찾는다. ⁽ᵉˣ⁾ 인간. ⌐ 언어의 세계
　　　　　　　　　　　　　　　　　　　　　　　　　속에서 산다.

· 주제 만드는 요령.
(S + V   ⟍ ⟋ 1. S + 의 + □
  S + O + V   ⟋⟍ 2. S + 와 + 목적 /부사어 ◄
  S + C + V   3. S

─ 정의의 형식.
　 피정의 항 + 종차 + 피정의 항의 상위개념

　 종차 ; 피정의 항이 속하는 동위개념 끼리에서
　　　　 되는 특징.
　 ⁽ᵉˣ⁾ 인간은 |언어를 사용|하는 동물이다.
　　　　　　　　 (종차)

　 상위개념 , 하위개념
　 ⌐동물⌐인간   ⌐황인종   ⌐한국⌐경남─김씨
생물   ┣원숭이   ┣흑인종   ┤중국 ┗전남
　 ┗식물   ┗사자   ┗백인종

· 유의사항 ; 1. 부정어 사용금지
　　　　　　 2. 비유적 표현금지.

국어의 기본이론은 확실히 해두면 독해력에 큰 도움이 된다. 이는 곧 다른 과목들의 성적향상에 도 큰 영향을 미친다.

국어의 경우, 출전은
크게 필요하지는 않으
나 써주는 것도 좋다.

참고. 국어 자습서.

Date _____ Page p.12 ~13

8/15 ~48쪽까지
문학 : 작가가 자신의 가치 있는 삶의 체험을 언어로 형상화시킨
      예술.
— 작가의 삶의 모습 —
[작가의
  개인적인 삶] + [작가의
  사회·역사적인 삶] ⇒ [삶의 전체적인 양상
  (현실적 삶의 세계)]

⇓

작가의 세계관·가치관 형성.

— 문학 작품과 작가와 독자의 관계 —
[작가 — 개인적인 삶 + 사회·역사적인 삶.
  ⇒ 가치관·세계관 형성

⇓ ⟵───────────── 작가의 가치관과
                              세계관을 반영함.
[문학   · 작가에 의해 압축되고 재구성 된
  작품 —   세계
           · 현실에 대한 비판, 이상적인
             삶의 세계 모색.]

⇑

[독자 — 공감 또는 비판,
          배경 지식 확대]

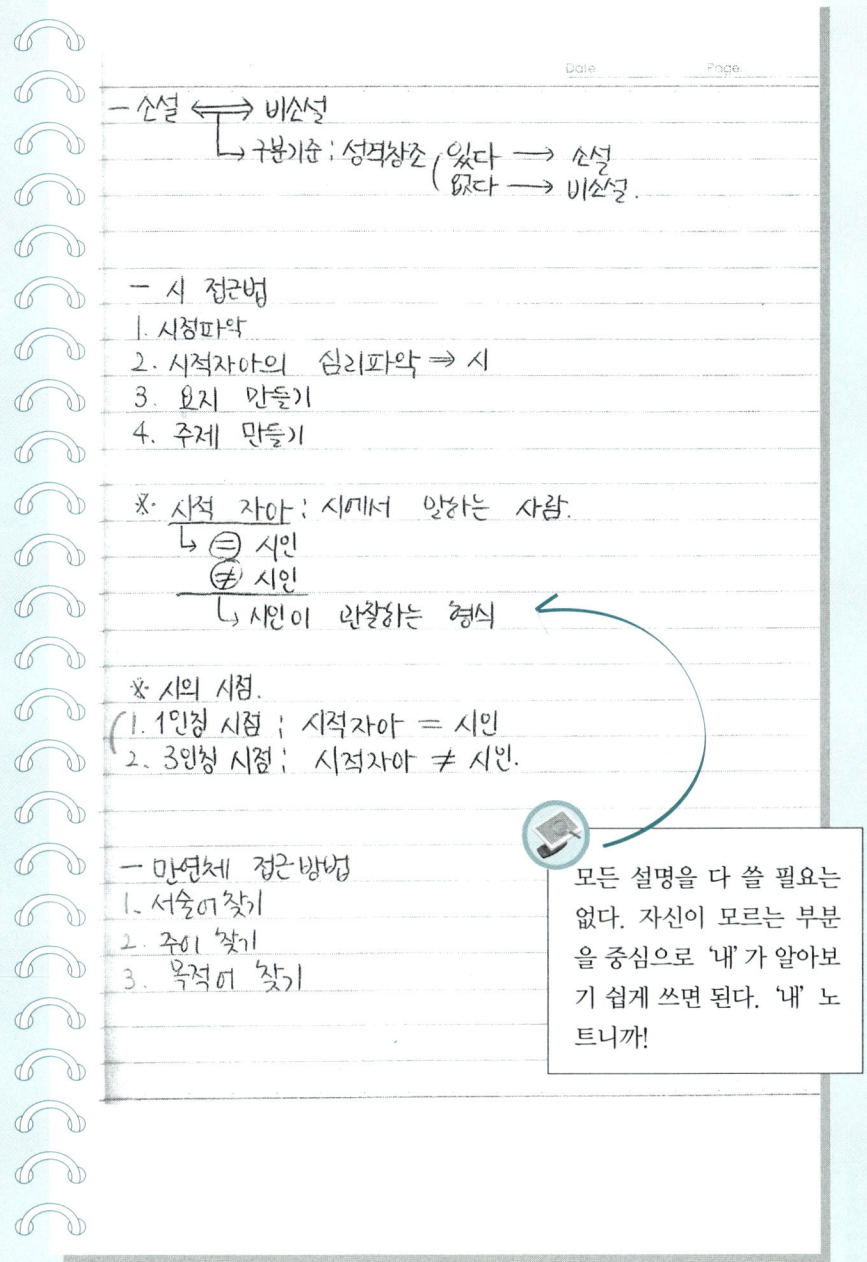

- 소설 ⟵⟶ 비소설
  └ 구분기준 : 성격창조 (있다 ⟶ 소설
                        없다 ⟶ 비소설.

- 시 접근법
1. 시정파악
2. 시적자아의 심리파악 ⟹ 시
3. 요지 만들기
4. 주제 만들기

※ 시적 자아 : 시에서 말하는 사람.
   └ ⊝ 시인
     ⊕ 시인
     └ 시인이 관찰하는 형식

※ 시의 시점.
1. 1인칭 시점 ; 시적자아 = 시인
2. 3인칭 시점 ; 시적자아 ≠ 시인.

- 만연체 접근방법
1. 서술어 찾기
2. 주어 찾기
3. 목적어 찾기

모든 설명을 다 쓸 필요는 없다. 자신이 모르는 부분을 중심으로 '내' 가 알아보기 쉽게 쓰면 된다. '내' 노트니까!

5/29   60쪽까지
either   어느 한 쪽의
let   ···에게 시키다.
hesitate   주저하다, 결단을 못 내리다
coed   남녀공학
gymnasium   체육관
double-team   2명이 함께 마크하다
drill   엄격한 연습
huddle   뒤죽박죽 쌓아 올리는
passing   통행하는
buzzer   사이렌, 버저

5/31   61쪽까지
halftime   중간 휴식
rebound   리바운드 볼을 잡다.
disaster   엄청난참상, 실패
lead   선두에 서다
struck   스트라이크의 과거분사
trippe   발이 걸리다
sprain   삐다, 접질리다
grim   불길한, 무서운
scoring   경기기록, 득점

영어노트, 이렇게 정리한다!

세로로 반을 접어 왼쪽에는 영어를 오른쪽
에는 한글 해석을 적는다. 피드백과 암기로
완성되는 영어는 정리해야 할 개념적 지식
은 없다. 단어와 숙어, 그리고 문장들이 그
뜻과 함께 나열되어 철저한 암기, 즉 완전
학습을 위해 활용되어진다.

F

8/22 ~26쪽까지

It's been a busy month.　바쁜 이 달이다.

New students and teachers 새 학생들과 선생님들은 하나 가족
have joined the Hana family. 속한다.

We have always done a good 우리는 언제나 도와주신 각각의 당신과
job, thanks to help from each 학생들, 학부모님들 그리고 선생님들 덕분에
of you, students, parents, and 항상 잘한다.
teachers.

We all know that spring 우린 모두 봄은 모든것을 시작할 때라는 것
is when everything gets started 알고있다.

Animals wake up and begin 동물은 잠에서 깨고 움직이기 시작한
to move around.

What does that mean for 우리에게 무엇을 의미할까?
us?

I guess nature always 난 자연은 항상 우리에게 교훈을 준다
teaches us a lesson. 생각한다.

We can all be successful. 우린 모두가 성공할 수 있다.

난어수준에서 문장수준까
지 모르는 부분을 중심으
로 정리한다. 이렇게 정리
한 노트는 복습에도 활용
할 수 있다.

복습을 할 때마다 자신의 복습횟수를 표시한다. 학습능력에 대한 자가진단의 하나로 사용되기도 한다.

will you? 너,("화겠이나 "you!
why is six afraid of seven? 왜6에서 7
I have no idea. ✓ 잘 모르겠어
Do you get it? ✓ 이해가 되니?
Please tell me one, will you? 이야기 하나만 해 줄래?
be afraid of '''을 두려워하다
Second-grade teacher. ✓ 2학년선생님
see his doctor 진찰받다
What's wrong with me? 나에게 무슨 문제가 있어?
I know what your problem is. 너에게 무슨문제가 있니.
when I touch my leg. (제가 다리를 만질)때
Your finger is broken. 당신의 손가락이 부러졌습니다.
I was the only one with the ✓answer 저만 대답을 했어요.
Who put glue on my chair? 누가 내 의자에 풀을 발랐나?
I have work a lot of to do. 나는 할일이 많다.
what does he need? 뭐가 필요하지?
Why don't we ✓✓ '해보자
Why don't we throw a surprise party 깜짝파티를 해주는게 어때?
for him?
I need butter, sugar, and an egg. 버터, 설탕 그리고 달걀이 필요해
Here they are 여기 있어
enjoy making the cookies. 쿠키만드는 것을 즐기다.
Let's try it ✓ 우리 노력하자
Do you also like to bake cookies? 여러분도 역시 구워내는것을 좋아합니까?
50g butter ✓ ✓ 버터 50g
In a large bowl ✓ 큰 그릇에
take out '''을 꺼내다
let them cool 그것들을 식혀라.

F

√54

Have you ever heard of Paul Bunyan?	Paul Bunyan에대해 들어봤었니?
Paul Bunyan?	Paul Bunyan이라고?
No, Who's that?	아니, 누군데?
He was a giant lumberjack ✓ ✓ ✓ ✓	그는거인 나무꾼이었어
What was so great about him? ✓✓	그 사람이 뭐가 그렇게 대단한건데?
No one was bigger and stronger than him	그보다더크고 더힘이센 사람은 없었어
He could cut down more trees than 100 men	남자 100명이 나무를 베는거보다 많이 벨 수 있었어
That's impossible	말도안되
of course	물론이야
Paul Bunyan is a character in old stories ✓ ✓	Paul Bunyan는 옛날이야기의 주인공이니까
He never really existed ✓	실제로는 존재하지 않는 인물이지
What else can you tell me about him? ✓	그에대해서나에게더 말해줄수있니?
There are so many stories ✓	그에대한이야기는 아주 많아
Well, he had a giant blue ox and a purple cow	음 그는 거대한 파란소와 자주색 암소를 가지고있어
So, he was a friend of animals ✓	그럼 동물들의 친구구나
Well, kind of	글쎄 어느정도는
He liked animals and animals helped him	그는 동물을 좋아했고 동물들도 그를 도왔어 그니까
Long ago there was a rich man with eye problem	옛날에 눈병이 걸린 부자가 있었어
The man saw every doctor he could	부자는 의사란 의사는 다 만나서 봤어
but nobody could help him	아무도 그를 도울수가 없었어
what good is all my money?	내 돈이 다무슨 소용인가?
My eyes hurt so much	내눈이 이렇
Who can help me!	누가 나를 도와
He wanted to find someone who could cure him	그는 자기를 고쳐줄
The rich merchant Lee has great pain in his eyes	부자상인 이씨는

오른쪽 한글부분만을 보며 암기 테스트를 한 후, 틀린 것을 체크해둔다. 체크가 많을수록 잘 안 외워지는 부분이므로 중점적으로 공부할 수 있다.

8. 27. ~ P.21

1. 집합

이) 집합의 포함관계.

· 집합 : 그 대상을 명확히 구분할 수 있는

· 원소 : 집합을 이루고 있는 대상 하나하나
  a가 집합 A의 원소일때, a는 집
  $a \in A$, 또는 $A \ni a$

· 부분집합 : 두집합 A, B에 대하여 집합
  $A \subset B$, 또는 $B \supset A$
  → A는 B에 포함한다, B는 A에포함한다

· 공집합 $\emptyset$는 모든 집합의 부분집합이다.

· 집합 A는 자기자신 A의 부분집합

· 두집합 A, B에 대하여 $A \subset B$이고 $B \subset A$가 성립할때 A, B는 서로 같다.
  $$A = B$$

· 진부분집합 : $A \subset B$이고 $A \neq B$일때, A는 B의 진부분집합

  ※ 집합 포함관계
  임의의 세집합 A, B, C에 대하여
  (1) $\emptyset \subset A$, $A \subset A$, $A \subset U$ (단, U는 전체집합)
  (2) $A \subset B$이고 $B \subset A$ 이면 $A = B$
  (3) $A \subset B$이고 $B \subset C$ 이면 $A \subset C$

· 합집합 : 집합 A에 속하거나 집합 B에 속하는 원소전체의 집합
  $A \cup B$, $A \cup B = \{x \,|\, x \in A$ 또는 $x \in B\}$

· 교집합 : 두집합 A, B에 모두 속하는 원소
  $A \cap B$, $A \cap B = \{x \,|\, x \in A$ 이고 $x \in B\}$

  ※ 집합의 연산법칙
  (1) 교환법칙 : $A \cup B = B \cup A$, $A \cap B = B \cap A$
  (2) 결합법칙 : $(A \cup B) \cup C = A \cup (B \cup C) = (A \cap B) \cap C = A \cap (B \cap C)$
  (3) 분배법칙 : $A \cap (B \cup C) = (A \cap B) \cup (A \cap C)$
       $A \cup (B \cap C) = (A \cup B) \cap (A \cup C)$.

Truth → You will know the truth, and the truth will set you free

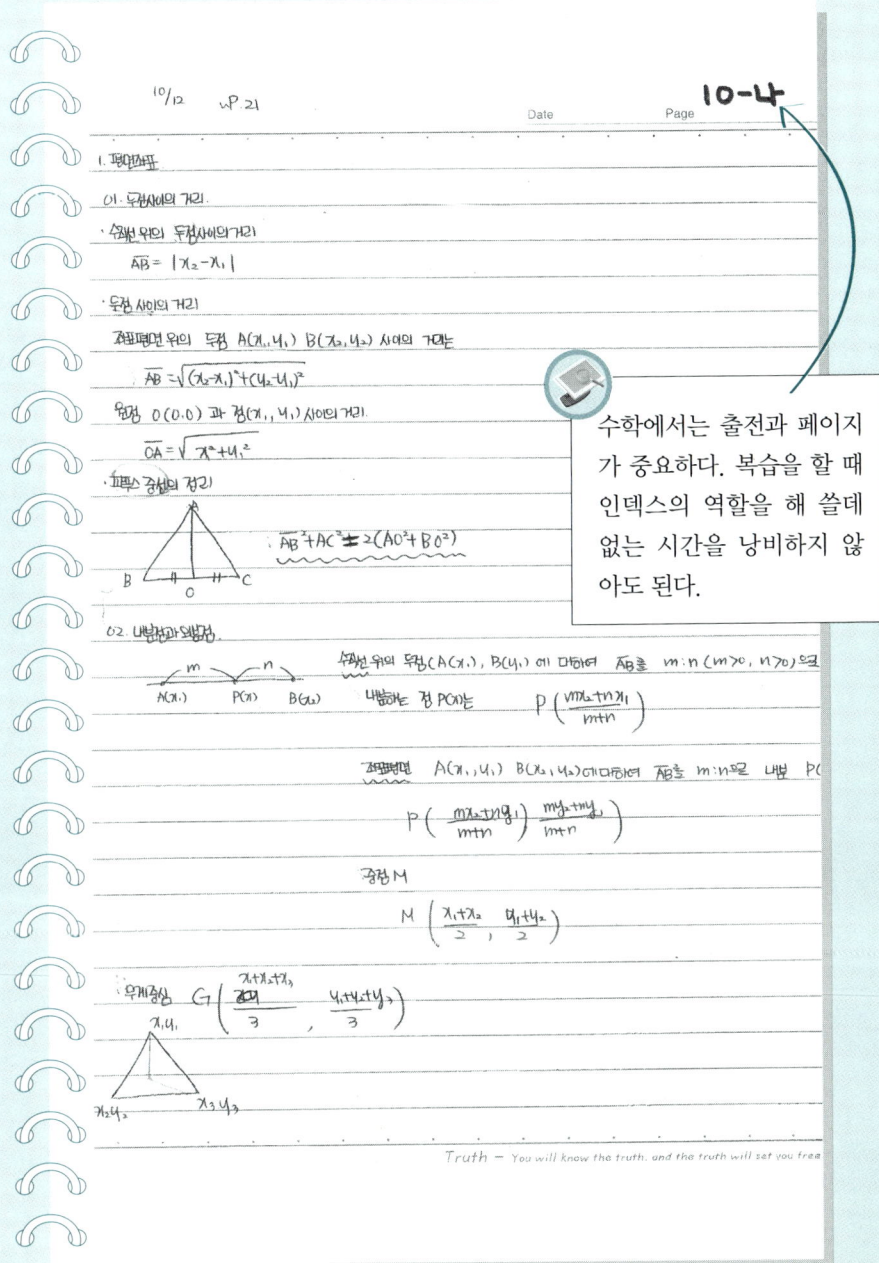

1. 평면좌표

01. 두점사이의 거리.

· 수직선 위의 두점사이의거리

$$\overline{AB} = |x_2 - x_1|$$

· 두점 사이의 거리

좌표평면 위의 두점 $A(x_1, y_1)$ $B(x_2, y_2)$ 사이의 거리는

$$\overline{AB} = \sqrt{(x_2-x_1)^2 + (y_2-y_1)^2}$$

원점 $O(0,0)$ 과 점 (x_1, y_1) 사이의 거리.

$$\overline{OA} = \sqrt{x_1^2 + y_1^2}$$

· 파푸스 중선의 정리

$$\overline{AB}^2 + \overline{AC}^2 = 2(\overline{AO}^2 + \overline{BO}^2)$$

02. 내분점과 외분점.

수직선 위의 두점 $(A(x_1), B(y_1)$ 에 대하여 $\overline{AB}$ 를 $m:n\ (m>0,\ n>0)$ 으로 내분하는 점 $P(x)$ 는

$$P\left(\frac{mx_2 + nx_1}{m+n}\right)$$

좌표평면 $A(x_1, y_1)$ $B(x_2, y_2)$ 에 대하여 $\overline{AB}$ 를 $m:n$ 으로 내분 $P($

$$P\left(\frac{mx_2 + nx_1}{m+n},\ \frac{my_2 + ny_1}{m+n}\right)$$

중점 M

$$M\left(\frac{x_1 + x_2}{2},\ \frac{y_1 + y_2}{2}\right)$$

무게중심 $G\left(\frac{x_1 + x_2 + x_3}{3},\ \frac{y_1 + y_2 + y_3}{3}\right)$

x_1, y_1

x_2, y_2 x_3, y_3

수학에서는 출전과 페이지가 중요하다. 복습을 할 때 인덱스의 역할을 해 쓸데없는 시간을 낭비하지 않아도 된다.

Truth ─ You will know the truth, and the truth will set you free

Date   Page

Ⅴ. 지수함수와 로그함수

1. 지수함수

1) 지수함수와 그 그래프

① 지수함수와 그 그래프

· 임의의 실수 x에 대하여 a^x을 대응시키면 단 하나의 a^x의 값이 정해지므로

$$y=a^x \, (a>0, \ a \ne 1)$$

↳ 이 함수를 a를 밑으로 하는 x의 지수함수.

★ 지수함수 밑인 a가 1이 아닌 양수인 경우만 생각

※ 지수함수의 성질

지수함수 $y=a^x \,(a>0, \ a \ne 1)$에서

① 정의역은 실수 전체의 집합이다.

② 치역은 양의 실수 전체의 집합이다.

③ 그래프는 점 $(0,1)$과 $(1,a)$를 지나고, x축을 점근선으로 한다.

④ $a>1$일때 x가 증가, y도 증가

$$x_1 < x_2 \iff a^{x_1} < a^{x_2}$$

$y=a^x$

⑤ $0<a<1$일때 x가 증가하면, y는 감소

$$x_1 < x_2 \iff a^{x_1} > a^{x_2}$$

$y=a^x$ $\frac{1}{a}$

⑥ $a>1$인 그래프와 $0<a<1$인 경우의 그래프는 y축에 대하여 대칭 임을 알수있다.

2) 지수방정식과 지수부등식

① 지수방정식

· 지수방정식 : 미지수를 포함하는 방정식

→ 밑을 같게 하거나 치환하여, 지수함수 $y=a^x \,(a>0, \ a \ne 1)$의 성질 이용

$a>0, \ a \ne 1$일때, $a^{x_1} = a^{x_2} \iff x_1 = x_2$

· 지수부등식 : 지수에 미지수를 포함하는 부등식

→ 밑이 1보다 작을 경우, 큰 경우에 따라 부등호방향이 달라지는 것 주의 ★

$a>1$일때, $a^{x_1} < a^{x_2} \iff x_1 < x_2$
$0<a<1$일때, $a^{x_1} < a^{x_2} \iff x_1 > x_2$

up 143

Date	Page

7. 부등식

01. 부등식의 성질

· 부등식은 <, ≤, >, ≥ 를 써서 소나식의 값의 대소관계를 나타낸것.
  해에 관해서는 생각X, 부등식에 포함되는 모든 명제는 식으로 나타낸것.

* 부등식의 기본성질

　　a, b, c가 실수일때

(1) a>b, b>c 이면　a>c

(2) a>b 이면　　a+c>b+c,　a-c>b-c

(3) a>b, c>0 이면　ac>bc,　$\frac{a}{c} > \frac{b}{c}$

(4) a>b, c<0 이면　ac<bc,　$\frac{a}{c} < \frac{b}{c}$

· 절대값 : 어떤 실수 x의 절대값 |x|는 수직선 위의 원점으로부터 점 x까지의 거리.

(1) |x| > a ⟺ x < -a 또는 x > a

(2) |x| < a ⟺ -a < x < a

02. 이차부등식의 성질

* 이차부등식의 해 (D > 0)

이차방정식 $ax^2 + bx + c = 0$ (a>0)이 서로 다른 두 실근 α, β (α < β)를 가질때

(1) $ax^2 + bx + c > 0$ 의 해는　x < α 또는 x > β

(2) $ax^2 + bx + c < 0$ 의 해는　α < x < β

(3) $ax^2 + bx + c ≥ 0$ 의 해는　x ≤ α 또는 x ≥ β

(4) $ax^2 + bx + c ≤ 0$ 의 해는　α ≤ x ≤ β

* 이차부등식의 해 (D = 0)

이차부등식 $ax^2 + bx + c = 0$ (a>0)이 중근 α를 가질때

(1) $ax^2 + bx + c > 0$ 의 해는　x=α이외 또ㄴ실수

(2) $ax^2 + bx + c < 0$ 의 해는　없다

(3) $ax^2 + bx + c ≥ 0$ 의 해는　또ㄴ실수

(4) $ax^2 + bx + c ≤ 0$ 의 해는　x=α

Truth - you will know the truth, and the truth will set you free

> 소단원 중심으로 개념정리를
> 한다. 수학은 문세풀이민이
> 최선이라는 생각은 잘못이
> 다. 문제풀이도 기본원리가
> 확실히 잡힌 상태에서만이
> 한계에 부딪히지 않는다.

문제풀이용 노트와 오답노트의 예

이 부분을 접어서 복습에 활용할 수 있다.

오답노트는 무작정 글씨연습을 하는 것이 아니다. 왜 틀렸을까를 생각하면서 연구하는 자세로 해야 한다.

Date   Page

05. 등차수열 개념 P.106 정리

1. 제2항과 제16항의 절댓값이 같고 부호가 반대이며, 제3항이 1인 등차수열의 첫째항과 공차를 구하여라

2. 첫째항이 -29, 공차가 4인 등차수열에서 첫째항부터 제n항까지의 합이 최소가 되는가? 또, 그때의 최솟값을 구하여라   제8항, 제9항 -120

(3번→3,4,5 배수중 하나면 안됨? why? 4번→?)

3. 어떤 직육면체의 세변의 길이가 정수이고, 등차수열을 이룰때, 이 삼각형의 한변의 값이 될수 있는것은? ①22 ②58 ③81 ④91 ⑤361   ③   L

4. 3으로 나누면 2가 남고, 5로 나누면 3이 남는 자연수를 작은 것부터 차례로 $a_1, a_2, \cdots$ 라 할때, a_{10}을 구하여라   143

... 수열 $\{a_n\}$이 있다. a_{20} 및 a_n을 구하여라 $\begin{cases} a_{20}=62 \\ a_n=3n+2 \end{cases}$

... 에 대하여 n=29일때, 이 수열의 공차 d 와 $\begin{cases} d=1 \\ S=589 \end{cases}$

7. $\log 2$, $\log(2^x-1)$, $\log(2^x+3)$이 순서로 등차수열을 이룰때, x의 값을 구하여라 $x=\log_2 5$

8. $a_1=1$인 등차수열 $\{a_n\}$에서 $a_1a_2 + a_2a_3$의 최솟값은?   0

9. 수열 $\{a_n\}$에서 $a_2=2a_1$, $a_{n+2}-2a_{n+1}+a_n=0$이고 $a_{10}=20$일때 a_1의 값   12

10. $\{a_n\}$인 수열은 첫째항과 공차가 모두 등차수열이며, $a_5a_7-a_3^2=2$를 만족시킬때, a_n을 구하여라 $\begin{cases} a_n=n-4 \\ a_n=-n+4 \end{cases}$

06. 등비수열 개념

★ 공비가 실수인 등비수열이 있다. 제n항까지의

합을 구하여라

출전을 써 놓으면 모르는 부분이 있을 때, 빠르게 찾아들어가 빠르게 해결할 수 있다.

1057

2. 첫째항부터 제 n항까지의 합 S_n이 $S_n=3$ ...

k의값을 구하여라

k=3

3. 1이 아닌 양수 a, b, c가 등비수열을 이루고, $a^x = b^y = c^z$ 이면 0이 아닌 세 실수 x, y, z

는 어떤수열을 이루는가?

등차수열

4. 삼차방정식 $x^3 + x = 0$의 두 허근을 α, β라 할때, $(1-\alpha+\alpha^2-\alpha^3+\cdots+\alpha^8)(1-\beta+\beta^2-\beta^3+\cdots+\beta^8)$

의값을 구하여라

4

5. 수열 $\frac{1}{2}, \frac{1}{4}, \frac{1}{8}, \frac{1}{16}$ ... 의 제n항까지의 합과 1과의 차가 0.001보다 작게 되는 자연수

n의 최소값은? ① 9 ② 10 ③ 11 ④ 12 ⑤ 13

② 10

6. $1\frac{1}{3}+4\frac{1}{3}+13\frac{1}{3}+\cdots$ (제n항까지) 등비수열의 합

$\frac{3}{4}(3^n-1)$

7. 50의 양의 약수의 개수를 x, 양의 약수 총합 y 라할때 $x \cdot y$의 값

1584

8. 제10항이 6, 제15항이 192인 등비수열에서 공비를 구하여라. 또 제9항부터 제16항

까지의 합을 구하여라

2, 765

9. 공비가 2, 끝항 400, 총합이 750인 등비수열에서 첫째항과 항수를 구하여라.

첫째항 : 50 항수

★ 세수 x, y, z ($x \neq y$)는 이순서로 ...가 y인 등비수열 이루고, $x, 2y, 3z$는 이순서로

등차수열을 이룰때 y의값은?

$\frac{1}{2}$

문제는 한 페이지 당 10문항 정도가 적당하다. 너무 많으면 답답해보여 공부하기 전부터 짜증이 날 수 있다.

morning glory

正 正 ④

1. 중심 (1,4) 반지름 길이가 3인원 $(x+3)^2+(4-4)^2=9$

2. (1) (6,0) (0,-2)를 지름 양끝점으로 가지는 원의 방정식 $(x-3)^2+(y+1)^2=10$

3. 직선 $x^2+y^2-6x+1=0$ 의 원의 중심과 반지름 길이 $(-3,3)$, 3

✔ A(-3,0) B(3,0)에 대하여 $\overline{PA}$, $\overline{BP}=2:1$을 만족하는 점 P의 좌표를 구하여라   P(5,0) ④ 7 반지름

5. 두원 O,O'의 중심거리가 4이면 외접, 1이면 내접, 두원 O,O'의 반지름의 길이를 각각 $\frac{5}{2}$, $\frac{3}{2}$
   구하여라

6. 반지름 길이 6, 8 이고 중심거리 10일때 두원의 공통현의 길이 ✔ ✔✔   9.6

7.   AB의 길이
                              ✔ ✔✔ $\sqrt{77}$

8.   AB의 길이
                              ✔ ✔ $2\sqrt{6}$

9. 반지름 길이가 각각 3,9인 두원의 외접 공통외접선 길이가 8일때 이두원의 중심거리 ✔ $d=10$

10. 원 $x^2+y^2=4$와 직선 $y=x-k$이 만나지 않을때의 상수 k의 값의 범위 ✔✔ $-\sqrt{3}<k<\sqrt{3}$

11. 원 $x^2+y^2=4$에 접하고 기울기 양의 방향과 60°인 각을 이루는 직선의 방정식 $y=\sqrt{3}x+4$

12. 기울기는 3, (2,-2) 의 접선의 방정식 ✔ $2x-2y=8$

13. 원 $x^2+y^2=2$ 밖의 점 (3,1)에서 원에 그은 접선 방정식 ✔ ✔✔ ✔ $y=-x-\frac{1}{6}$ ⎫
                                                                       $y=-x+2$ ⎬

14. P(5,0)에서 원 $x^2+y^2-2x-4y-4=0$ 에 그은 접선의 접점 T라 할때 ✔✔✔ ✔✔ $\sqrt{11}$
    선분 PT의 길이

체크하고 또 체크한다! 수학은
틀린 부분을 또 틀리기 쉽다.
한번 체크된 문제는 다음번에
도 어김없이 또 체크된다. 표
시는 경각심을 일깨운다.

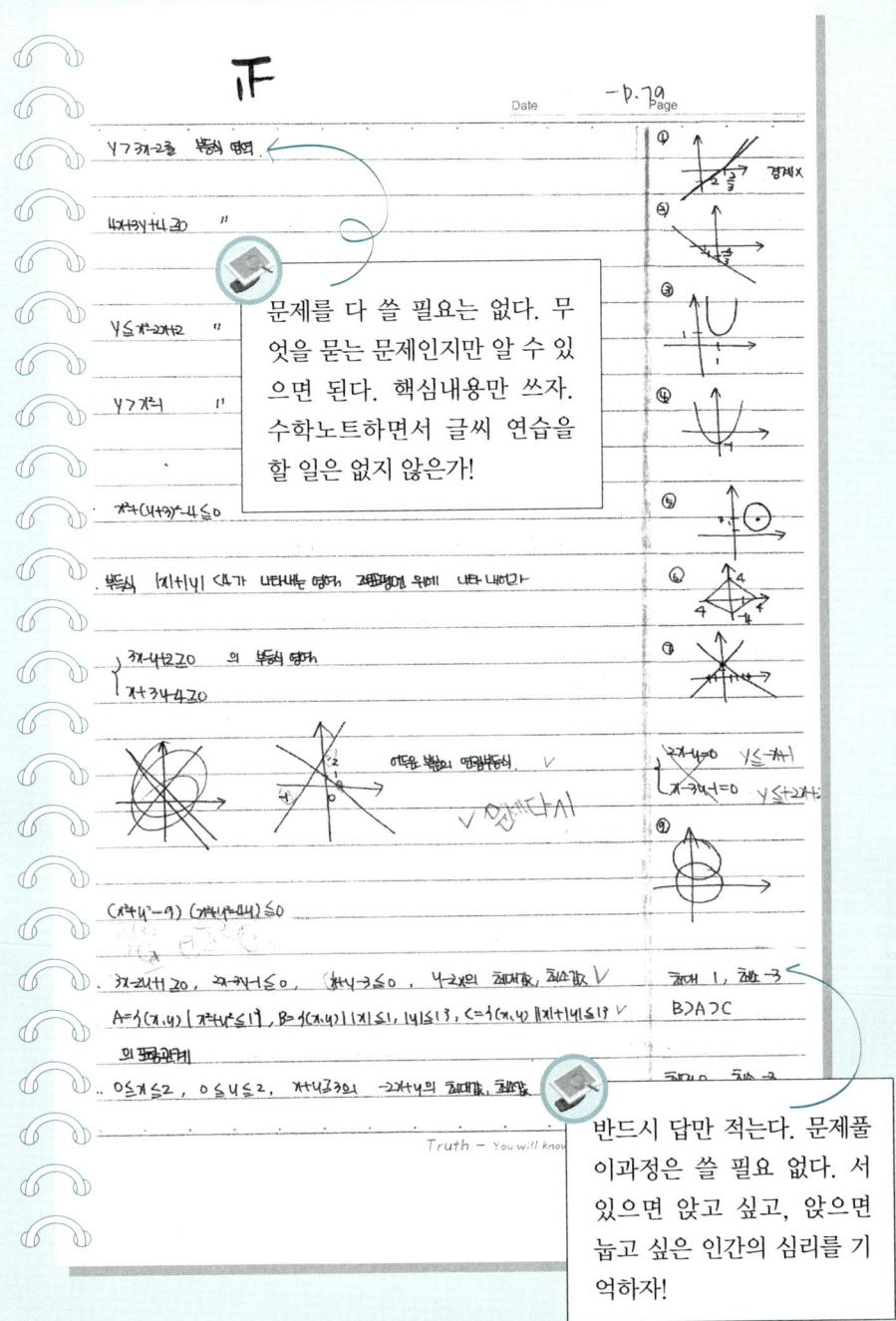

문제를 다 쓸 필요는 없다. 무엇을 묻는 문제인지만 알 수 있으면 된다. 핵심내용만 쓰자. 수학노트하면서 글씨 연습을 할 일은 없지 않은가!

반드시 답만 적는다. 문제풀이과정은 쓸 필요 없다. 서 있으면 앉고 싶고, 앉으면 눕고 싶은 인간의 심리를 기억하자!

3) 도시의 구조 및 토지 이용의 변화

< 도시 구조의 형성 >

· 도시규모 작을때 小 : 단순한 도시구조 / 지역분화도 뚜렷하지 않음

BUT, 도시 성장 : 도심 형성
  인구집적 { 교통로 발달 - 부도심 형성
           지역분화 : (상업, 공업, 주거지역) 등의 형성   { 도심 이접근성 ↑ : 상업 , 업무 → 접근성
                    → 이유 : 접근성, 지대   외곽 (~ ↓) : 공장 , 주택 , 공원 → 이동성

① 지역분화의 요인   ← 지대와 지불 능력차이   { 접근성
                                              → 접근성   { 지대 (교통비 등
                                                               { 지가

· 도시 중심부 : 접근성이 높음 ↑ ~ 지가가 높음 ↑ , 겜   ← 이동성
  BUT 도시외곽 : 광장, 주택, 학교

· 개발용도 지역제 , 도심 재개발 사업 : 경제적 요인

· 사회계층에 따라 몰리는 거주지의 기준이 다르기 때문

② 도시의 구조

① 도심 ┌ 전문 상업 기능, 업무기능 명집
        │   ← 접근성 뛰어나다. , 지가 ↑ , 지대 ↑
        │ (과정 : 몰개발성 , 대낮현상 , 인구공동화 , 호텔
        └ 서울의 중구, 종로구 / 부산 광복동 , 남포

② 부도심 ┌ 토지가 공간적 넓어지면 → 교통의 요지에는 도심의 기능 분담
          ├ 상업기능 바탕 형성
          ├ 교통량 분산
          └ 서울의 영등포 , 청량리 , 영동 / 부산 부전지 (동)

③ 외곽지역 ┌ 신흥 주택지 형성
            └ 공곤에 농촌 경관 남아있음   { 외곽개발
                                              : 도시의 무질서한 팽창방지
                                     sprawl (스프롤) , 녹지보전

사회노트, 이렇게 정리한다!

사회라는 범주 속에 들어가는 모든 과목을
노트 한권으로 끝낸다는 느낌으로 만든다.
일반적인 노트법과는 달라 처음에는 여러
과목이 잡다하게 섞여 정리되지 않은 느낌
이 들 것이다. 그러나 노트는 관상용이 아
니다. 효율적이며 효과적인 방법에 따라 정
리하는 것이 당연하다.

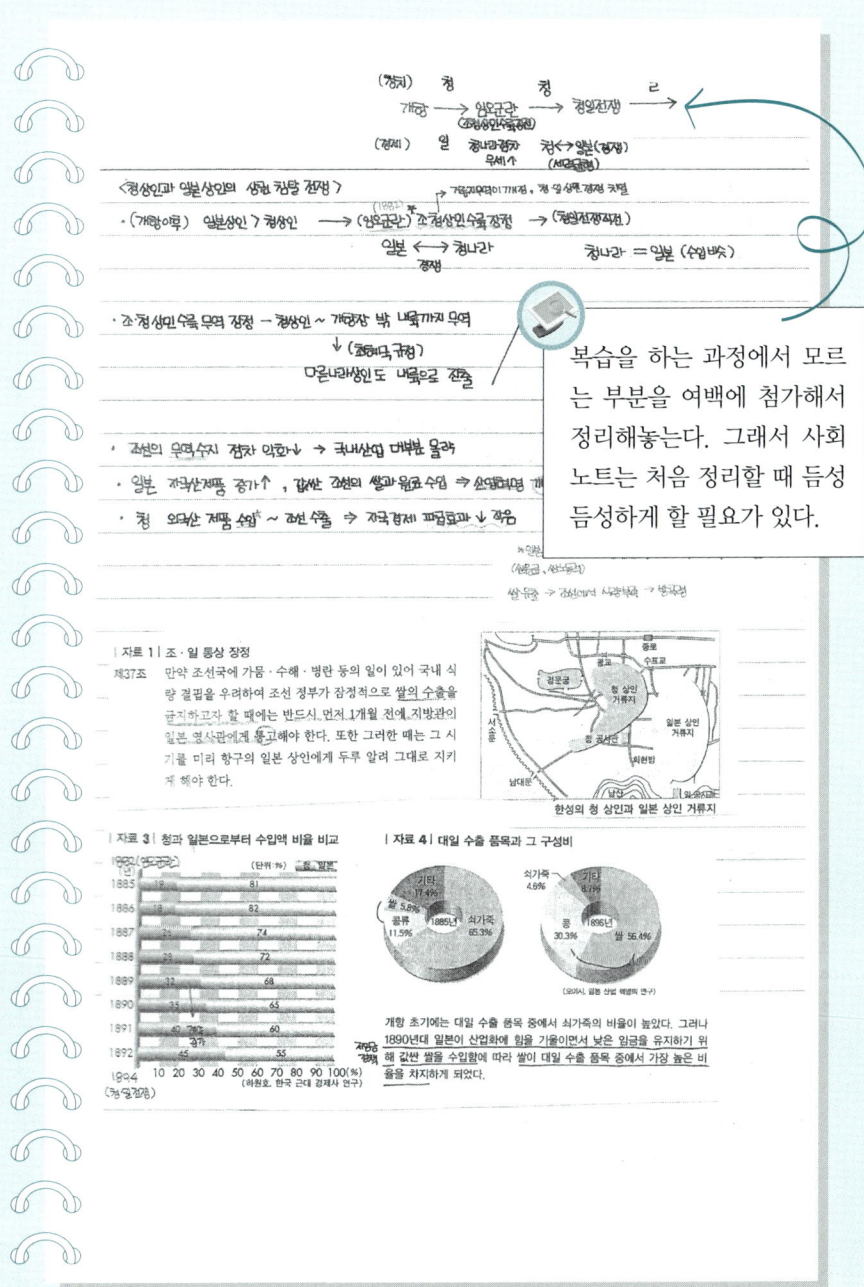

복습을 하는 과정에서 모르는 부분을 여백에 첨가해서 정리해놓는다. 그래서 사회 노트는 처음 정리할 때 듬성 듬성하게 할 필요가 있다.

| 자료 1 | 조·일 통상 장정

제37조　만약 조선국에 가뭄·수해·병란 등의 일이 있어 국내 식량 결핍을 우려하여 조선 정부가 잠정적으로 쌀의 수출을 금지하고자 할 때에는 반드시 먼저 1개월 전에 지방관이 일본 영사관에게 통고해야 한다. 또한 그러한 때는 그 시기를 미리 항구의 일본 상인에게 두루 알려 그대로 지키게 해야 한다.

한성의 청 상인과 일본 상인 거류지

| 자료 3 | 청과 일본으로부터 수입액 비율 비교

（단위 : %）　　청　일본

1885
1886
1887
1888
1889
1890
1891
1892
1894

10 20 30 40 50 60 70 80 90 100(%)
(하원호, 한국 근대 경제사 연구)

| 자료 4 | 대일 수출 품목과 그 구성비

기타 17.4%
콩류 11.5%
쌀 5.8%
1885년
쇠가죽 65.3%

쇠가죽 4.6%
기타 8.9%
쌀 56.4%
1895년
콩류 30.3%

(오미일, 일본 상인 떼러떼의 연구)

개항 초기에는 대일 수출 품목 중에서 쇠가죽의 비율이 높았다. 그러나 1890년대 일본이 산업화에 힘을 기울이면서 낮은 임금을 유지하기 위해 값싼 쌀을 수입함에 따라 쌀이 대일 수출 품목 중에서 가장 높은 비율을 차지하게 되었다.

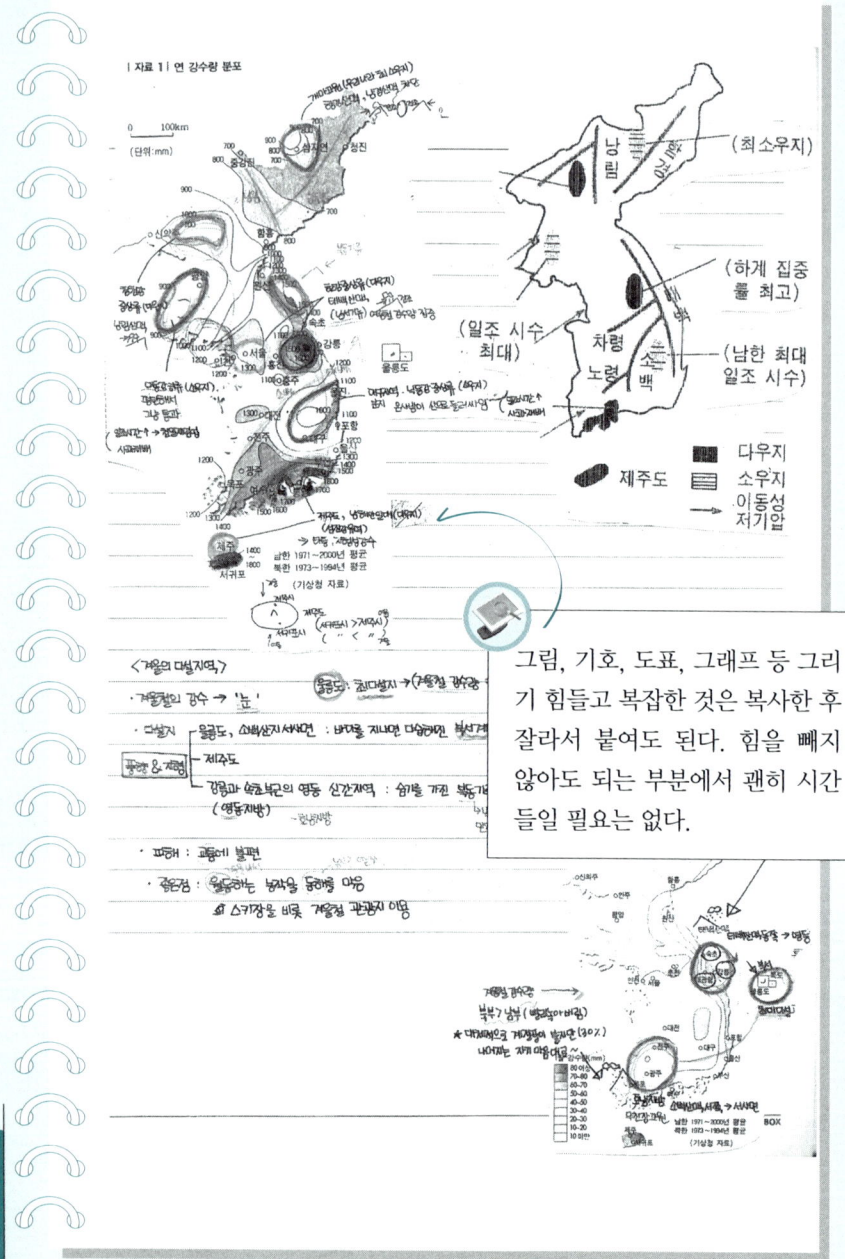

| 자료 1 | 연 강수량 분포

그림, 기호, 도표, 그래프 등 그리기 힘들고 복잡한 것은 복사한 후 잘라서 붙여도 된다. 힘을 빼지 않아도 되는 부분에서 괜히 시간 들일 필요는 없다.

<제국주의 열강들의 경제적 침탈>

- (청·일전쟁 이후) - 광산, 산림, 철도등 주요 이권 침탈 시작
- (아관파천) → 최혜국 조항을 내세워 이권 침탈
  (미국,일본,프랑스 ...) 열강의 등등한 경쟁관계

- (러·일전쟁 이후) 일본 → 국유지, 역둔토 약탈
  - 균용지 : 제한 없이 차지
  - 군 주둔지 군처의 토지 대량 약탈
  - 철도부설 → 민간인 소유농토를 철도부지에 편입
    → 농민들 경부 철도 부설 동원

- 일본인민간인 : (전주, 군산, 나주, 김해일대) 대규모의 농장 차지

- 동양 척식 주식회사 : 약탈한 토지 관리, 일본인 조선 이주을
  ─(1910) 조선소유 토지 2억 5천만평 (약 8억 6000만m²)
    서울 여의도면적, 100배
  ─(1910년 이후) 그 수치가 기하 급수로 증가↑

우상단 박스:
광산 : 미국, 러시아, 일본, 독일 등 열강의 광산 채굴권 획득
철도 : 일본의 경의선·경안선·경부선·경원선·청도·부산권 운영
산림 : 러시아의 압록강, 두만강, 울릉도 삼림, 채벌권 독점
  → 러일전쟁이후 일본차지
어장 : 청국 함경도·평안도 연안 어업권 장악
  → 청일 전쟁 이후 일본차지

<일제의 재정 장악과 금융 지배>

- 일제 ─ (1904년 러·일전쟁 ~ 대한제국 식민지화 시작)
  - 특히, 대한제국의 재정과 금융부분 완전히 장악
    → 일본인 재정 고문관 → 재정 정리사업 착수
    → 국고를 파악하여 따가 이용
    → 징세 기구 개편
    → 화폐 정리 해제
    → 각종 조세 증가, 징수

- 일본 제일 은행권을 법화화하여, 서울을 보조화폐 변경 → 대한제국 화폐의 발행권 약탈
- 백동화 (국내상인 이용) → 선환폐 교환 (가치정품별가) : 화폐 정리사업

→ ① 일제는 식민지 지배에 필요한 자금 조달
  ② 국내의 화폐유통 체계 혼란
  ③ 일본은행 화폐 유통 장악

복습하는 과정에서 공간이 부족하면 포스트잇을 붙여 공간을 확보한다. 또, 오답노트라고 반드시 문제와 답을 쓸 필요는 없다.

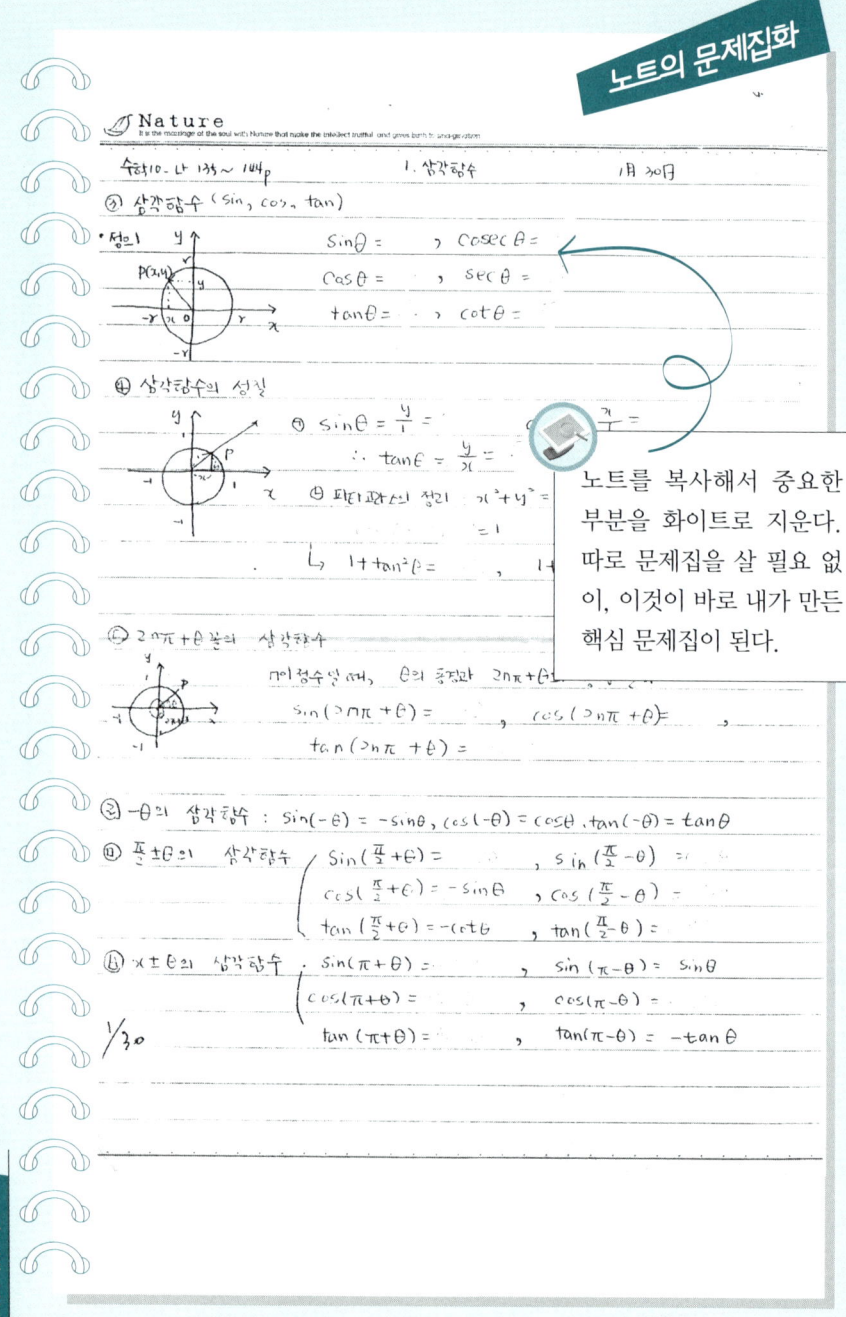

Nature
It is the massage of the soul with Nature that make the intellect truthful and gives birth to knowledge-system

수학10-나 133 ~ 144p   1. 삼각함수   1月 30日

③ 삼각함수 (sin, cos, tan)

• 정의

$$\sin\theta = \quad , \quad \csc\theta =$$
$$\cos\theta = \quad , \quad \sec\theta =$$
$$\tan\theta = \quad , \quad \cot\theta =$$

④ 삼각함수의 성질

㉠ $\sin\theta = \dfrac{y}{r} = \qquad = \dfrac{}{}$

$\therefore \tan\theta = \dfrac{y}{x} =$

㉡ 피타고라스의 정리 $x^2 + y^2 =$
$=$

$1 + \tan^2\theta = \qquad , \quad 1 +$

㉢ $2n\pi + \theta$ 의 삼각함수

n이 정수일 때, θ의 동경과 $2n\pi + \theta$의

$\sin(2n\pi + \theta) = \qquad , \quad \cos(2n\pi + \theta) =$
$\tan(2n\pi + \theta) =$

㉣ $-\theta$의 삼각함수 : $\sin(-\theta) = -\sin\theta , \cos(-\theta) = \cos\theta , \tan(-\theta) = \tan\theta$

㉤ $\dfrac{\pi}{2} \pm \theta$의 삼각함수
$\begin{cases} \sin\left(\dfrac{\pi}{2} + \theta\right) = \qquad , \quad \sin\left(\dfrac{\pi}{2} - \theta\right) = \\ \cos\left(\dfrac{\pi}{2} + \theta\right) = -\sin\theta , \quad \cos\left(\dfrac{\pi}{2} - \theta\right) = \\ \tan\left(\dfrac{\pi}{2} + \theta\right) = -\cot\theta , \quad \tan\left(\dfrac{\pi}{2} - \theta\right) = \end{cases}$

㉥ $\pi \pm \theta$의 삼각함수
$\begin{cases} \sin(\pi + \theta) = \qquad , \quad \sin(\pi - \theta) = \sin\theta \\ \cos(\pi + \theta) = \qquad , \quad \cos(\pi - \theta) = \\ \tan(\pi + \theta) = \qquad , \quad \tan(\pi - \theta) = -\tan\theta \end{cases}$

1/30

노트를 복사해서 중요한
부분을 화이트로 지운다.
따로 문제집을 살 필요 없
이, 이것이 바로 내가 만든
핵심 문제집이 된다.

화이트로 지워서 만든 빈 칸
을 채워 넣는다. 문제를 풀
때, 답을 연습장에 쓰면 노
트로 만든 문제집을 더욱 많
이 활용할 수 있다.

7과

사례를 통해 공부법 재확인

01
입체적 접근법 (K여고 1년 인문)

각 과목별 공부 방법을 최대한으로 살리면서 전체 과목을 입체적으로 접근해야 한다. 각 과목들 간에는 상호 보완 관계가 성립한다. 파도타기, 피드백, 완전학습, 무학년제(선행학습), 스스로 학습법 등 모든 교육학이론들이 적용된다. 국어는 강의와 스스로 학습을 병행하고 영어, 수학은 스스로 학습한다.

공부법 특강

▶ 2005년 8월 25일부터 2006년 8월 11일 지도하였다.

　1학년 1학기 때 모의고사 성적 (※1학년은 각 과목 100점 만점)

　　- 언어, 외국어, 수리 점수는 각 과목별로 60점 전후

　　- 도덕, 사회, 국사 각 과목이 약 50점 정도

　　- 각 과목들의 등급 : 학생이 밝히기를 꺼려하고 언어, 외국어, 수리

　　　영역의 모의고사 성적이 과목별로 60점 정도라는 말만 하므로 5~

　　　6등급 정도라고 추정한다.

각 과목 모두 5~6등급이던 것이 약 9개월 정도 후에는 수학은 2등급까지, 언어와 외국어는 각각 3등급까지 상승하였다.

하루에 국어 1시간, 영어 1시간 30분, 수학 4시간 정도로 시간을 배분한다. 토, 일요일은 공부 시간을 수학을 위주로 약 10시간 정도로 늘린다.

이틀에 한번씩 만나 영어와 수학의 진도와 복습한 내용을 암기하고 있는지 확인한다. 확인이 끝나면 국어 독해력을 기르는 강의를 하고, 영어와 수학의 복습과 암기가 정확하게 되지 않았으면 진도를 중지한다. 세 과목 모두 기초 학력 향상에 초점을 맞추고 각 과목별로 피드백을 철저히 한다.

국어는 독해력을 기르기 위해 글들을 빠르게 독해하는 요령을 터득할 것이고, 수학은 정독을 하는 방법을 택할 것이다. 영어는 문장을 외는 것을 원칙으로 하면서 숙어와 단어들도 암기한다. 그리고 영어에서도 해석을 하는 데서 그치지 않고 독해력을 기르는 쪽으로 공부를 할 것이다. 말하기와 듣기는 문장 외기를 중심으로 공부할 것이다. 50문장 이상 암기되면 영어일기 쓰기도 가능할 것이다.

- **언어** : 기초이론 암기를 시킴과 동시에 저자가 자체 제작한 난이도가 낮은 강의안으로 강의하였다. '1회 읽고 틀리게 쓰기'를 원용해서 학생의 두뇌를 회전시키는 강의 형식이다(※강의 내용과 기초 이론은 6과의 설명 내용 참조). 신문 칼럼과 문제집도 앞서 설명한 독해력 향상 방법을 적용해서 공부했다. 당연히 문제집을 공부할 때도 문제는 풀지 않았다.

- **외국어** : 피드백은 중학교 3학년까지 하였다. 말하기와 듣기, 쓰기, 읽기, 그리고 문법 등 분야별로 6과의 방법을 따라 공부했다.

- **수리** : 중학교 과정이 비교적 튼튼하다는 것을 인식할 수가 있어서 10-가 교과서까지만 피드백 하였다. 교과서와 난이도가 중급 정도인 문제집을 한 권 선택하여 공부를 시작했다. 문제집과 교과서의 진도 차이는 한 단원 정도로 유지할 것이다.

● **사회탐구 & 과학탐구** : 초반에는 시간도 부족하거니와 무엇보다 학생의 독해력이 일정한 단계에 도달하지 않았기 때문에 시작하지 않았다. 언어영역 모의고사 점수가 평균 70점 이상이면 사회 또는 과학을 혼자서 할 수 있다. 그 이하 점수라도 중학교 1학년 과정부터 하면 혼자서도 가능하다.

처음에는 수학 위주로 공부를 했다. 국어와 영어는 발산형 과목이라서 수학처럼 많은 시간을 투자할 것까지는 없는 과목이어서 수학 위주라는 말을 쓰지만 사실은 국어와 영어, 수학 세 과목을 중심으로 공부했다.

날짜별 지도 일지

2005년 9월 10일

수학의 10-가 교과서가 완성되었다. 교과서를 완성하는 기간이 약 15일 정도 걸렸다. 중학교의 수학 실력을 인정하고 10-가부터 시작한 것이 옳았다.

중학교 수학 성적이 좋지 않았던 다른 학생을 지도할 때, 중학교 3학년 겨울 방학 때 7-가부터 9-나까지 공부를 하였는데, 그 학생은 수학 교과서 한권을 7일 만에 완성했다.

9월 13일

수학 10-가 문제집이 완성되었다. 10-나 교과서와 문제집을 시작하였다. 영어는 중학교 3학년용 교과서를 완성하였고 고등학교 1학년용 교과서를 시작하였다. 듣기 테이프는 중학교 3학년용을 계속 사용하고 있다.

영어 역시 중학교 3학년부터 시작한 것이 옳았다. 영어는 중학교 2학년 교과서와 3학년 교과서를 공부하는 방법이 많이 달라야 한다. 이는 암기의 단위가 단어나 숙어에서 문장으로 넘어가는 문제다. 하루 한과 씩 진도를 나갔다. 11과와 12과의 경우는 2일에 한과를 나갔다. 난이도가 높기 때문이다.

영어와 수학은 강의를 하지 않았다. 모든 것을 학생 혼자서 했으며 모르는 문제들은 성적이 비슷한 친구와 연구했다.

9월 17~20일(추석연휴)

모든 과목의 진도를 중지했으나 전 과목을 복습하는 것과 영어 듣기, 신문만은 매일 한다. 추석 직후에는 진도를 2일정도 중지했다. 완전학습이 흔들렸거나 암기가 불충분해졌을 수 있으므로 진도를 중지하고 복습을 완전하게 했다.

9월 22일

내신 준비를 하기 위해 국어 자습서를 새로 시작하였다.

영어 듣기는 고등학교 1학년용 테이프로 바꾸었다. 중학교 3학년 영어 듣기 테이프는 중학교 3학년 교과서를 공부하는 것보다 기간이 많이 걸렸으나 테이프를 교체하는 시기는 약간 빨랐다. 내가 요구하는 완전학습이 안 되었을 수도 있었으나 사기를 저하시킬 우려가 있어 말하지 않았다.

영어와 수학을 복습할 때는 항상 시간(분, 초)을 재었다. 영어, 수학 모두 피드백을 한 결과 모든 문제를 학생 스스로 해결하고 있다. 간혹 힘든 문제가 있으면 친구와 연구했다.

9월 29일

중간고사(10월 13일부터)를 준비하기 위해 영어와 수학은 진도를 중지하고 복습만하기 시작하고 그외 필요한 과목들을 공부하였다. 국어, 영어, 수학 과목을 제외한 다른 모든 과목의 노트를 한권만 사용했다. 교과서를 정리하고 완전학습을 한 후에 문제집을 하면서 오답노트를 작성하였다. 교과서 속에 있는 지도, 그래프, 도표 등은 복사하여 노트에 첨가했다. 과학에서는 실험 과정을 중요하게 다루었다. 학생이 꼼꼼한 성격이어서 도움이 되었다. 하고자 하는 의욕도 컸다.

이번 중간고사와 기말 고사에서는 점수가 오르는 것을 확인할 수가 없다는 것을 학생도 알고 있다. 기초 실력을 다지는 데 주력하고 있기 때문이다. 영어, 수학은 학교 진도와 같아질 때쯤을 전후로 해서 상승되는 것을 확인할 수가 있을 것이다. 사회와 과학도 같은 현상이다.

사회와 과학 과목은 내용을 노트 한권에 넣고, 그날 공부한 것은 반드시 그날 암기를 해야만 한다. 그리고 복습하는 요령에 따라 복습을 해야 한다. 공부한 내용들이 머릿속에서 헝클어져서 작용이 생길 수가 있기 때문이다. 제때에 복습을 한 학생은 별다른 반응이 없으나, 복습을 게을리 한 학생은 머리에 정리가 잘 되지 않는다는 반응을 보인다. 이럴 때는 전체를 처음부터 다시 시작해야 한다. 한번 헝클어지면 수습이 불가능하다. 가장 조심해야 할 부분이다.

10월 18일

중간고사가 끝났으므로 영어와 수학 진도를 다시 나가고 영문법도 시작

하였다.

10월 20일

중간고사 기간 동안 머릿속에 암기된 노트의 내용이 흐트러져서 모든

교과목의 진도를 중지하고 2일 동안 노트 복습만 하였다.

10월 27일

모의고사를 한번 본 후에는 독해력이 향상된 것을 느꼈다. 그러나 고전

분야에서 점수를 놓쳤다. 국어의 고전문을 시작하였다.

수학 10-나의 삼각함수 부분이 수학1보다 더 힘들다. 자신감을 가지도

록 했으며, 공부를 포기할 수 있을 것 같아서 문제집은 당분간 보류하

고 교과서만 공부하였다.

모의고사 직전이어서 영어, 수학은 노트위주로 공부하였다. 아직까지

는 모든 과목에서 성적이 크게 상승하기를 기대하지는 않는다.

11월 11일

영어 듣기 테이프를 고등학교 1학년 영어 교재의 것으로 계속 공부하고

있다.

11월 29일

기말고사(12월 5일부터) 때문에 모든 진도 중지하고 다른 과목 공부 시작했으며 영어 듣기와 고문, 독해 연습은 계속하고 있다.

🌲 모의고사를 본 결과, 국어는 4등급, 영어도 4등급, 수학은 3등급으로 성적이 향상되었다. 학생도 상당히 고무적으로 받아들였다.

12월 15일

수학 10-나 교과서 완성하였다. 10-나 문제집을 시작하였다.

2006년 1월 2일

수학 10-나 문제집을 완성하였다. 방학 기간이라서 진도가 빨라졌다. 학생 스스로가 1일 공부하는 양을 15시간 정도까지 늘렸다.

1월 3일

수학1 교과서와 수학1 문제집2권, 영어1 교과서를 시작하였다.

1월 21일

국어 독해(실전편)와 논술을 시작하였다. 논술은 일주일에 한번만 한다. 원고지 쓰기는 일부러 가르쳐 주지 않았다. 논문형 논술의 서론과 본론 결론에 들어가야 하는 내용에 대해서는 학생이 이미 알고 있어야 하는 것이라서 한번 설명을 했다. 무엇보다 초등학교 1학년생이 보고 웃더라도, 쓸 수 있는 용기가 필요했다. 이론을 먼저 강의하는 것보다 엉터리라도 자기가 쓴 글을 기초로 해서 설명을 듣는 것이 낫다. 학생이 처음으로 쓴 논술 답안지는, 1,200자 이상이어야 함에도, 400자도 되지 않았다. 당연한 결과다. 문단을 만드는 방법부터 설명했다. 개요를 작성할 때 글자 수를 맞추어야 된다는 것도 공부했다. 첨삭 지도와 원고지 쓰기에 대해서도 강의를 들었다. 두번째 논술부터는 상당히 달라진 모습의 답안이다.

수학은 힘들어서 교과서만 진도를 나갔다.

2월 11일

영어 듣기 테이프는 고등학교 2학년 영어 교과서용으로 교체했다.

2월 21일

수학1 교과서의 '순열과 조합' 앞까지 진도를 나간 후에 진도를 중지하고 문제집에 열중하였다. '순열과 조합'부터는 여름 방학 동안에 할 것이다. 앞의 내용에 대한 감각을 잃을 수도 있거니와 모의고사에서 점수의 비중도 상대적으로 낮은 것이 이유이다. 무엇보다 중요한 것은 이미 공부한 부분에 대한 실력을 올리는 것이다. 실력을 올리기 위한 방법으로 문제집을 시작했다.

3월 4일

사회탐구 중 한국지리와 근현대사 두 과목을 토요일과 일요일에만 하기 시작하였다.

수학으로부터 많은 시간을 가져올 수 있기 때문이다. 수학을 노트를 복습하면서 문제집 한권만 공부함으로 인해서 하루에 1-2시간을 수학 공부에서 빼낼 수 있었다. 그래도 점수는 빨리 올리고 싶고 공부할 양은 많아서 하루 공부하는 시간이 부족했다. 물론 모의고사 내용은 오답 노트를 하고 있다.

3월 23일

3월 9일 실시한 모의고사 중에서 외국어와 수학만 오답 정리 및 노트 완전학습을 시작했다. 국어는 오답노트를 할 필요성이 작은 과목이고 사회는 시간이 부족하기 때문이다. 사회 문제는 모아 두었다가 여름 방학 때 오답노트를 할 것이다.

3월 25일

근현대사와 한국지리를 격일로 하기 시작하였다.

문학 교과서도 시작하였다. 독해력은 높아졌으나 문학제재가 약하다는 것을 학생 스스로 발견했다.

수학 시간에서 시간을 할애하였다. 순열과 조합 부터는 여름 방학이나 겨울 방학을 이용할 것이므로 가능해졌다.

4월 5일

수학여행을 갔다.

4월 9일

4월 24일부터 4월 27일까지 중간고사가 있으므로 모든 진도를 매우 천천히 나갔다. 노트 복습과 영어 듣기, 고전문학 읽기를 계속 했다.

4월 29일

영어 공부를 매우 힘들어하고 있다. 영어 교과서의 10과에서 영어 교과서의 1과까지 피드백을 하였다. 그리고 지금까지 본 모든 모의고사의 오답노트 및 완전학습을 일부만 하였다.
학교 과제물이라서 사회탐구 중에서 한국지리와 근현대사를 오답노트를 하였다. 많은 시간을 할애하지 않았는데도 교과서를 공부한 결과, 사회 두 과목도 3등급으로 올랐다.

5월 10일

사회 과목은 진도를 중단하고 복습만 하기로 했다. 시간이 부족했다. 수학에서 시간을 떼어냈다고 해도 충분한 시간이 나오지 않기 때문이다. 결국, 수학을 완성하는 것이 무엇보다 중요하다고 판단해서 방학 때로 미루었다.

7월 5일

영어I 교과서를 완성하고 영어II 교과서를 시작하였다.

8월 11일

지도를 마감하였다.

영어II 교과서는 10과까지, 수학은 문제집 하나는 순열과 조합 앞까지, 수학의 다른 문제집은 약 30쪽(지수와 로그)까지 진도를 나갔다. 수학 노트는 두권 중에서 교과서의 내용이 들어 있는 것은 약 90% 정도를 소화할 수 있었다. 문제집 내용이 들어 있는 노트의 절반 정도를 모르고 있는 상황에서도 2등급까지 상승하였다. 국어는 강의 방법은 변화가 없었으나 난이도가 3단계 정도 높아졌으며 고전문학까지도 진척이 있었다.

수학 공부는 1일 2시간 정도로 줄이고 사회탐구 한두 과목을 본격적으로 할 수 있게 되었다. 순열과 조합부터를 공부할 때는 또 다르게 시간 안배를 해야 된다.

이후 영어II 교과서는 완성이 되더라도 앞으로 3회 정도는 1과까지 피드백 해야 할 것이다. 수학은 '순열과 조합' 앞까지는 노트 두권을 완전학습을 하고, 앞으로의 모의고사를 오답노트와 완전학습을 하면 될 것이다.

모의고사 성적 변화 과정

	언어	외국어	수학	사회		비고
1학년 첫 시험	60점 전후	60점 전후	60점 전후	60점 전후		5~6등급 정도로 추정됨
05년 6/30	61점	61점	48점	65점		
9/26	65점	68점	48점			
10/26	60점	62점	50점	64점		
11/29	70점 (4등급)	50점 (4등급)	63점 (3등급)	53점		
12/22	68점	67점	44점	54점		
06년 3/9	71점 (3등급)	60점 (4등급)	29점 (4등급)			
5/17	76점 (3등급)	57점 (3등급)	53점 (3등급)	근현대사 32점 (3등급)	한국지리 (3등급)	사문 32(5등급) 윤리 30(5등급) 성적이 매우 고름
6/1	74점 (4등급)	60점 (3등급)	56점 (2등급)			언어는 2점 차이로 1등급이 내려갔음 사탐은 5등급 (사탐을 본격적으로 하지 못한 것이 원인)

위의 표에서 집중적으로 공부했던 언어, 외국어, 수학의 성적이 등급을 기준으로 해서 볼 때 꾸준히 향상되고 있다는 것을 발견할 수가 있다. 아쉽게도 2~3등급을 성취한 후에는 슬럼프에 빠지는 듯 했다. 이럴 때는 강한 자신감을 불어넣을 필요성이 있다.

02 교과서 중심주의 (S중학교 1학년 J양)

중학생의 경우에는 고등학생과는 달리 영어, 수학, 사회, 과학 모두 교과서만을 요약정리(사진, 표, 그림 등을 중시함)하고 그것을 암기한 후에 교과서에 있는 문제들만을 공부하면 된다. 중간고사나 기말고사 기간에는 과목별 문제집 한권정도 풀고, 오답 노트를 정리하여 암기했다.

▶2004년 8월 29일부터 2005년 8월 19일까지 지도하였다.

　1학년 1학기 평균(국어 영어 수학 사회 과학) : 78점

　1학년 2학기 평균(국어 영어 수학 사회 과학) : 78.6점

　2학년 1학기 중간고사 평균(국어 영어 수학 사회 과학) : 94.6점

　* 전 과목 평균 : 89.5점

　2학년 1학기 기말고사 평균(국어 영어 수학 사회 과학) : 96점

　*전 과목 평균 : 91점

1학년 2학기 성적을 현상유지 한 것은 다행이나 그대로 두면 2학기 성적은 내려가게 되어 있다. 2학년에 와서 국어, 영어, 수학, 사회, 과학의 평균 점수가 월등하게 높아졌음을 확인할 수 있다.

공부혁명

● **영어** : 중학교 1학년 학생이라서 영어는 중학교 1학년 교과서를 처음부터 시작했다. 모르는 단어나 숙어는 그것이 들어 있는 문장을 암기할 것이다. 교과서 내에 있는 문법 역시 문장을 암기할 것이다. 본문을 해석하고 난 다음에는 본문 내용의 요지를 말할 것이다. 말하기와 듣기는 조금 늦게 시작할 것이다.

● **수학** : 7-가부터 시작했다. 강의할 예정은 없다. 한번 풀어서 틀린 문제는 모두 노트에 정리해서 완전학습을 하였다.

● **국어** : 저자가 자체 제작한 기초 실력 향상용 교재로써 강의를 했다. 국어는 독해력 위주의 강의를 해서 창의력을 기르는 데 중점을 둔다. 물론 국어 참고서로써 국어의 기본 이론을 익힌다. 당분간은 강의만 하다가 국어의 기초에 해당하는 부분을 암기할 것이다.

● **사회, 과학** : 국어, 영어, 수학이 본 궤도에 오르면 학생에게 부담이 되지 않는 선에서 중학교 1학년 교과서 처음부터 혼자 할 것이다. 학생이 크게 의식하지 못할 정도로 시간도 늘릴 것이다.

🌲 모든 과목의 문제집은 중간고사나 기말고사 직전에 사서 오답노트까지 하면 된다. 국어와 영어 노트는 얇은 것 한권, 수학과 사회, 과학 노트는 약간 두꺼운 것 한권씩을 준비한다.

🌲 피아노 학원에서 1일 3시간 이상을 보내고 있으므로 진도는 상대적으로 느리게 갈 것이다.

날짜별 지도 일지

2004년 9월 4일

호기심이 있어서인지 진도가 빨랐다. 수학은 7-가 교과서 요약을 완성했다. 영어는 벌써 116쪽까지 진도가 나갔다. 영어 듣기는 얼마 후에 시작할 것이다. 수학에서 간혹 질문이 있었으나 힌트만 주고 스스로 풀게 하다가 그래도 풀지 못하는 것은 둘이서 연구하는 방법으로 풀었다.

9월 11일

모든 진도를 3일간 중단했다. 영어, 수학 모두 완전학습이 필요했다. 사회와 과학을 준비했다.

완전학습, 수행평가, 피아노 학원 등으로 진도가 매우 느리다. 암기하는 것과 완전학습(복습)을 하는 것을 좋아하지 않는다.

9월 25일

수학 7-나 교과서를 공부하기 시작했다. 사회는 164쪽까지, 과학은 148쪽까지 요약을 했다. 사회와 과학이 정상적으로 요약되었는지, 완전학습을 하고 있는지를 확인해야 한다. 사회와 과학 노트를 복사하여 문제를 만들었다. 사회와 과학을 함께 하니까 영어 진도가 느려진다.

국어, 영어, 수학 공부가 제대로 되지 않으면 사회와 과학은 방학 때로 미룰 예정이다.

9월 26일

모든 진도를 중지했다. 10월 4일부터 중간고사가 시작된다. 부모님과 합의하여 이번 중간고사만은 학생의 공부 방식대로 시험을 치른다. 2학기 중간고사와 기말고사의 평균 성적이 1학기 보다 내려가지 않았으므로 결과는 좋았다.

10월 20일

진도가 느려서 사회와 과학을 격일로 하였다.

11월 3일

영어 듣기를 시작했다.

11월 24일

수학 7-나 교과서를 완성하고 7-가 문제집을 시작했다. 수학은 처음부터 기초 실력을 튼튼하게 쌓아야 한다. 이 학생은 수와 식 단원이 매우 약하다. 초등학교의 실력이 지장을 주고 있다. 한번 풀다가 틀린 문제는 공책에 정리 하였다.

12월 11일

수학 8-가 교과서 선행학습을 시작했다. 7-나 문제집도 동시에 시작했다. 7-가, 나의 문제집을 하는 것은 2학년 때를 대비하는 것이다. 수학은 기초 실력이 매우 좋아야 되는 과목이다. 문제집을 풀이할 때도 한 번 풀이해서 틀린 문제는 노트에 정리하고 있다.

8-가 교과서는 선행학습이므로 완벽하게 공부하지는 않을 것이다. 학생이 새롭게 알아낸 것을, 틀리면 틀린 대로 100%를 암기할 것이다. 틀렸다고 지적하지도 하지 않을 것이다. 수업 시간에 집중할 수 있어야 한다. 나는 모두 알고 있으니까 선생님의 설명은 들을 필요가 없다는 생각이 들어서는 안 된다. 반면 7-가, 나의 내용에서 틀린 것이 있으면 당연히 지적을 해서 고쳐야 된다.

수학과 사회, 과학의 노트를 복사하여 문제지화한 것으로 완전학습 여부를 수시로 확인하고 있다. 필요한 부분을 화이트로 지우면 문제지가 된다. 영어 노트를 완전히 암기하는지는 스톱워치로 시간을 재면서 확인하고 있다. 영어 노트 한 페이지를 암기할 때는 시간이 중요하다. 빠른 시간에 해야 된다. 4분 30초 전후라야 한다. 이는 굉장히 빠른 속도다. 수학 노트의 문제 역시 완전히 자기 것으로 만들었는지를 확인하고 있다. 수학에서도 스톱워치가 사용된다. 문제를 풀이하는 자세를 보면 풀이과정을 단순히 암기만 하고 있는지, 실력으로 풀고 있는지, 풀이를 할 수 없는지를 구별한다.

12월 22일

과학 교과서를 완성하고 문제집을 시작했다. 얇고 저렴한 문제집을 선택했다.

🐾 그때그때 기록한 메모를 바탕으로 사례를 정리하는데 영어 듣기와 1학년 2학기 기말고사에 관한 내용이 빠져 있다. 아마 기말고사 전후의 공부스타일은 중간고사 전후의 경우처럼 파도타기를 했을 것이고, 영어 듣기는 첫 번째 학생의 사례처럼 완벽한 암기를 요구했을 것이다.

2005년 1월 3일

중학교 1학년 영어 교과서를 완성했다. 2학년 영어 교과서를 시작했다. 진도가 매우 느렸다. 학생은 공부할 시간이 많지 않기도 하였으나, 학교에서 배운 것을 암기하려는 버릇이 있었다.
선행학습 보다 예습, 복습을 철저히 하고 완전학습을 확실하게 하는 것이 오히려 더 좋다.

1월 10일

독해력과 집중력을 높이기 위해 신문읽기를 시작했다. 이 때 6과의 국어과목 중 '비문학 제재 공부하는 방법(독해 연습)'에서 제시한 방법대로 했다.

2월 13일

영어 듣기 테이프를 중학교 2학년 교과서용으로 바꾸었다.

국어 독해력을 기르기 위하여 고등학교 학생용 "언어영역 독해 기초편"

을 사용했다. 국어 강의를 통해서 독해력이 어느 정도는 길러졌기 때문

에 무리가 없을 것이다. 문제집에서는 문제를 전혀 풀이하지 않았다.

독해력 기르는 데 초점을 맞췄다. 여기서도 6과의 '비문학 제재 공부하

는 방법(독해 연습)에서 제시한 내용을 그대로 사용했다.

3월 4일

8-가 교과서가 완성되지 않았으나 8-가 문제집을 시작했다. 지난겨

울 방학 중에 영어, 수학 교과서는 완성하려고 했으나 그러지 못했다.

학생이 공부에 대한 절실한 애착심이 약간 부족했다. 2학년용 사회와

과학 교과서도 시작했다.

국어는 기존 강의를 제외하고는 자습서를 활용했다. 3월 초부터 시
작되었을 것이나, 내가 작성했던 메모에서는 빠졌다. 문학, 비문학 제재를
막론하고 다음날 진도가 나갈 법한 범위까지 각 단락별 요지와 주제를 작
성한 후, 문제를 풀어 보고 왜 틀렸는지를 확인한다. 고사 성어나 전문 용
어들은 노트에 정리해서 암기를 한다.

3월 28일

수학 교과서 8-나를 시작했다. 8-가 문제집은 33페이지에 머물고 있다.

3월 30일

2학년용 영어 교과서를 완성했다. 중학교 3학년용 영어 교과서를 시작했다. 영어는 듣기와 말하기를 고등학교 교과서까지 나간 후에는 토익이나 토플을 할 예정이다. 수학은 8-나 교과서보다는 8-가 문제집을 우선해서 공부했다.

4월 16일

전체 진도를 중지했다. 영어 듣기와 신문은 1일 공부하는 데 드는 시간이 그리 많지 않으므로 쉬지 않고 했다. 국어, 영어, 수학, 사회, 과학은 이미 중간고사의 시험 범위를 초과한 상태이므로 얇은 문제집을 공부하면서 오답노트를 했고 그 외의 과목은 교과서 중심으로 공부를 한 후에 문제집을 풀어보는 정도로 공부했다.

중간고사 대비

- 국어 : 중간고사 시험 범위에 해당하는 부분의 자습서 문제를 다시 풀었다. 본문의 앞뒤에 설명된 내용들도 모두 보면서 암기할 것은 암기했다. 그런 후에는 얇은 문제집을 다시 한권 풀이했다.

- 영어 : 중학교 2학년이라서 시험 범위 내의 본문을 모두 암기했다. 학교에서 선생님이 본문 설명을 할 때 보충해서 설명했던 문법도 따로 노트를 했으며 그 문법에 따르는 예시문장을 암기하였다.

- 수학 : 노트를 읽으면서 교과서에 있는 문제를 풀이하였다. 틀린 문제가 노트에도 있는지를 확인하였다. 노트에 없으면 첨가하였다. 노트를 완전학습 했다. 얇은 문제집을 풀이하고 오답 노트도 한 후 다시 한번 노트를 완전학습 했다.

- 사회와 과학 : 이미 노트가 되어 있는 상태다. 암기를 했다. 그 후에 문제집을 풀이하고 오답 노트도 했다.

- 나머지 과목들은 시험이 시작되는 2일쯤 전부터 공부하였다. 이미 중요 과목들은 공부를 90% 이상 달성하였으므로 나머지 과목으로 시간을 분배할 수가 있다.

중간고사(5월 2일~5월 4일)를 치른 결과는 만족스럽다. 국어, 영어, 수학, 사회, 과학의 점수가 고르게 나왔을 뿐만 아니라, 이 과목들의 평균 점수가 전체 평균 점수보다 약 5점이나 높게 나왔다. 겨울 방학 동안에 게으름을 피우면서 공부를 했어도 상당히 높게 나온 것이다.

영어 98점(듣기에서 실수가 한 문제 있었음), 국어 90점, 사회89점, 과학 96점, 수학 100점이었다.

5월 6일

국어 영어 수학 사회, 과학의 노트를 2일 동안 완전학습했다. 그동안 암기했던 것들이 흐트러져 있으면 안 된다.

5월 13일

영어 교과서는 중학교 3학년용으로 바꾸었다. 모든 과목에서 정상적으로 공부를 하고 있으나 전체적으로 진도가 느리다.

6월 1일

영어는 기말고사 시험 범위에 해당하는 본문을 암기하기 시작했다. 기말고사는 중간고사에 비해서 공부하는 과목 수가 많을 뿐 아니라, 영어 공부 자체가 문장을 암기해야 되는 과목이기 때문이다. 본문 속에는 문법도 있다. 문법만 따로 공부하지는 않고 있으나 여름 방학 때는 문법을 시작할 예정이다.

6월 20일

기말고사를 앞두고 모든 진도를 중지했으나 영어 듣기와 신문은 계속했다. 국어, 영어, 수학, 사회, 과학은 이미 기말고사의 시험 범위를 초과한 상태이므로 얇은 문제집을 공부하면서 오답노트를 했다. 나머지 과목들은 교과서 중심으로 공부를 한 후에 학교에서 설명했던 노트를 암기하고 문제집을 풀이 했다.

기말고사 대비

- 국어 : 기말고사 시험 범위에 해당하는 부분의 자습서 문제를 다시 풀었다. 본문의 앞뒤에 설명된 내용들도 모두 보면서 고사성어나 글의 배경이 될 수 있는 내용들은 암기했다. 그런 후에는 얇은 문제집을 다시 한권 풀이했다.

- 영어 : 중학교 2학년이라서 시험 범위 내의 본문을 모두 암기하였다. 학교에서 선생님이 본문 설명을 할 때 보충해서 설명했던 문법도 따로 노트를 했으며 그 문법에 따르는 예시문장을 암기하였다.

- 수학 : 노트를 읽으면서 교과서에 있는 문제를 풀이하였다. 교과서에서 틀린 문제가 노트에도 있는지를 확인하였다. 교과서에서 틀린 문제가 노트에 없으면 첨가하였다. 노트를 완전학습 했다. 얇은 문제집을 풀이하고 오답 노트도 한 후 다시 한번 노트를 완전학습 했다.

- 사회와 과학 : 이미 노트가 되어 있는 상태다. 암기를 했다. 문제집을 풀이하고 오답 노트도 했다.

- 나머지 과목들은 시험이 시작되는 3일쯤 전부터 공부하였다. 중간고사 때는 2일 동안 공부했으나 기말고사 때는 3일을 하는 이유는 암기해야 할 나머지 과목들의 숫자가 많아졌기 때문이다. 이미 중요 과목들은 공부를 90% 이상 달성하였으므로 나머지 과목으로 시간을 분배할 수가 있다. 중요 과목들에 비해서 난이도가 상대적으로 낮기 때문에 학교에서 노트한 것을 충실하게 본 뒤에 문제풀이도 했다.

기말고사(7월 6일 ~ 7월 9일)를 치른 결과 역시, 만족스럽다. 중간고사 성적보다 높게 나왔다. 국어, 영어, 수학, 사회, 과학의 점수가 고르게 나왔을 뿐만 아니라, 이 과목들의 평균 점수가 전체 평균 점수보다 약 5점이나 높게 나왔다.

영어99점, 국어 92점, 사회100점, 과학 93점, 수학 97점이었다. 중간고사 94.6점이던 점수가 기말고사에서는 96점으로 상승했다.

208

7월 20일

여름 방학이 시작됐다. 국어 독해력을 기르는 과정은 강의와 독학을 병행하며 매일 계속한다. 내신 공부용으로는 2학년 2학기 자습서로써 선행학습을 시작할 것이다.

영어 듣기는 현재 2학년용을 사용하고 있으므로 단계를 높여가면 될 것이다. 3학년용 교과서가 완성되면 고등학교용 교과서를 학년 순서대로 공부할 것이다. 중학교 3학년용 교과서에서는 피드백이 한두번 필요할 것이다.

수학 8-나 교과서와 얇은 문제집을 방학 동안에 완성할 것이다.

사회 과학은 정독을 하면서 노트 정리를 해나갈 것이다. 국어 공부를 하는 기분으로 하면 된다.

8월 1일

가족들이 여름휴가 준비로 바쁘다. 학생도 덩달아 흐트러졌다.

8월 19일

학생에 대한 지도를 마감했다.

03

성적 업그레이드 (Y중 1년 K양 / S중 2년 K양 / S중 3년)

Y중 1년 K양

▶2005년 2월 2일 시작하여 2005년 10월 30일까지 지도하였다.

1학년 1학기 중간고사 평균 (국어 영어 수학 사회 과학) : 99.2점

* 전체 평균 : 96점

1학년 1학기 기말고사 평균 (국어 영어 수학 사회 과학) : 99.2점

* 전체 평균 : 98.2점

1학년 2학기 중간고사 평균 (국어 영어 수학 사회 과학) :99.4점

* 전체 평균 : 99점

S중 2년 K양

▶2005년 7월 15일부터 2006년 10월 14일까지 지도하였다.

2학년 1학기 기말고사 평균(국어 영어 수학 사회 과학) : 74점

[※수학30점]

2학년 2학기 중간고사 평균(국어 영어 수학 사회 과학) : 90점

* 전체평균 87.6점

2학년 2학기 기말고사 평균(국어 영어 수학 사회 과학) : 81.4점

*전체평균 84.5점

3학년 1학기 중간고사 평균(국어 영어 수학 사회 과학) : 84점

* 전체평균 86점

3학년 1학기 기말고사 평균(국어 영어 수학 사회 과학) : 83점

* 전체평균 87점

3학년 2학기 중간고사 평균(국어 영어 수학 사회 과학) : 93점

* 전체평균 91점

S중 3년

▶2005년 12월 19일부터 2006년 9월 25일까지 지도하였다.

2학년 2학기 기말고사 평균(국어 영어 수학 사회 과학) : 88.8점

* 전체평균 88.9점

3학년 1학기 중간고사 평균(국어 영어 수학 사회 과학) : 91.2점

* 전체평균 91점

3학년 1학기 기말고사 평균(국어 영어 수학 사회 과학) : 90점

* 전체평균 88점

Add Study

논술까지 마스터한다

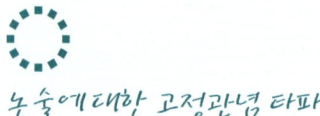

논술에 대한 고정관념 타파

학생들은 '논술'이라고 하면 무조건적인 거부감이나 막연한 두려움을 가진다. 말과는 달리 사라지지 않고 남는 글의 속성 때문에 다른 이들이 보게 될까 부끄럽다거나, 논술을 따로 배우지 않아서 쓸 수 없다고 이야기하며 몸을 사린다. 그러나 논술의 형식은 정해진 것이 없다. 자기가 생각하고 있는 것을 말로 표현하는 대신에 글로 표현하는 것뿐이다. '못한다'는 학생은 배짱이 없거나, 국어 공부를 잘못했기 때문이다.

때때로 대학에서 논술을 출제하겠다고 하거나, 그 반영 비율을 높이 겠다고 하면 방송 매체나 학부형은 물론이거니와 정부에서조차 안 된다 고 나서서 호들갑이다. 사교육이 팽배해질 것이라는 반응이다. 이들의 말대로라면 논술은 반드시 학원에 가서 배워야 된다는 소리가 아닌가!

논술은 언어영역(국어)의 말하기, 듣기, 읽기, 쓰기의 4대 영역 중에 하나로 고등학교의 전체 교과 과정과 연관이 있다. 독립된 과목으로 생 각하거나 학원 또는 과외를 통하여 새롭게 배워야 할 것이라는 생각은 바꿔야 한다. 모든 과목의 기초 원리를 이해하고 여러 과목을 두루 섭렵 하고 배경 지식이 풍부해야만 자기의 생각을 논리적으로 펼칠 수가 있 는 것이다. 예체능 과목의 내용이 논술의 문제로 등장하는 것이 현실이 다. 논술의 형식에만 매달려서는 안 된다는 뜻이다. 논술이란 자신의 의 견(단정이나 주장)을 제시하고, 그 타당성을 논리적으로 증명하여 다른 이들로 하여금 그 의견을 수용하게 하는 것이다.

우리나라 교육은 그 본질인 두뇌 개발은 외면하고 우선 눈에 보이는 성적이나 암기력에만 매달리고 있다. 암기 위주의 공부나 문제풀이 위 주의 공부 방법 속에서는 논술이 올바르게 교육될 수가 없다.

논술에 있어서만큼은 이솝 우화의 여우와 두루미의 행동을 긍정적으 로 바라보고 그들처럼 되어야 한다. 그들은 자기에게만 유리한 그릇을 사용하였다. 생각을 담는 그릇도 마찬가지다. 나에게 맞는 그릇이 있다. 그래야 독창성이 살아난다. 논술하는 방법을 단순히 암기하거나 논술하 는 기술을 배우는 것은 가장 위험한 공부 방법이다. 그것은 독창성이나 논리성을 죽이는 일이다.

　이제 우리나라 교육에서는 인간으로의 정체성을 확립하는 방법에 대한 가르침이 필요하다. 이제는 고등 사고 능력을 기르는 자기 주도적인 공부방법이 필요한 때다. 동서고금을 막론하고 교육의 본질은 인간을 보다 인간답게 만드는 데 있다. 창의적인 인간을 기르는 것이 중요하다.

논술정복의 지름길

　(※ 논술에는 여러 유형이 있으나 여기서는 논문형 기준으로 설명한다.)

🍀 국어의 기초지식이 있어야 한다

　원고지 사용법, 논설문의 구성 형식, 글의 구성 방식, 문단의 구성 유형 등 국어의 기초지식은 논술의 기본이다. 이는 중학교 1학년 때 이미 설명하고 있는 내용이다. 고등학교 3학년이 되어서까지 이것들을 배우러 학원에 간다는 것은 우리나라 국어 교육이 잘못되고 있다는 반증이다. 쓰기와 말하기 교육이 정상적으로 이루어지기 위해서는 이 부분을 가장 먼저 알아야 한다. 원고지 사용법과 교정부호는 말미에 서술하겠다. 그 외의 기초지식 일부는 6과 '독해력을 완성하는 국어공부법' 에 참고자료로 설명되어 있다.

✿ 독해력이 충분히 갖추어져야 한다

문제를 출제한 사람의 의도를 정확하게 파악하는 것이 논술의 시작이자 끝이다. 출제 의도를 정확하게만 파악한다면 논지의 전개 방향, 대안의 제시여부 등이 보인다. 논술은 주어진 논지를 얼마나 논리적으로 전개했느냐를 보는 것이다.

독해력이 있으면 출제자가 요구하는 것이 보인다. 거기에 맞추어야 한다. 출제자의 의도를 정확하게 파악하는 것이 논술의 첫걸음이다.

✿ 논설문의 요건에 억지로 맞추려고 하지 말자

좋은 글(의사 전달이 상대적으로 정확하고 명쾌하게 되는 글)은 형식이 먼저 정해진 것이 아니다. 미리 정해 놓은 요건에 맞춰 쓴 좋은 글을 쓴 것이 아니고 좋다고 인정될만한 글을 분석해 보니까 명료성, 공정성, 확실성, 논리성 등의 요건이 나온 것이다.

3단 구성이니 4단 구성이니 하는 형식에 얽매일 필요는 없다. 많고 많은 생각들을 3단 구성이나 4단 구성 속에다 집어넣으려는 발상 자체가 문제다. 생각이 먼저고, 그 생각을 담는 형식은 두번째다. 음식의 종류에 따라서 그릇을 찾는 것이지, 담을 그릇에 따라서 음식을 만드는 사람은 없다. 3단 구성이나 4단 구성은 그 그릇 중에 하나일 뿐이다. 내용에 따라서 3단 구성으로 해야 할 때도 있고 4단 구성을 해야 할 때도 있는 것이다. 또는 그것을 벗어나야 할 때도 있다. 그것이 바로 독창성이다. 이런저런 좋은 글의 훌륭한 요건들을 아무리 많이 알아도 하루아침에 좋은 글은 나올 수 없다. 모난 돌이 오랜 세월에 걸쳐 둥글게 되듯이 글도 쓸수록 다듬어지는 것이다.

✽ 개요를 문장수준까지 꼼꼼하게 작성한다

전문가가 아닌 학생은 대학에서 이미 출제된 문제 등을 구해서 '무조건' 써보는 것이 제일 중요하다. 쓰기를 충분히 하지 않는 대부분의 학생들은 '논술' 에 대한 감각이 부족하여 구성이 빈약하고, 내용 면에서 논리의 비약도 생긴다. 논리의 비약이 생기는 원인은 문장개요(요지)를 적절하게 활용하는 방법을 모르기 때문이다.

개요를 잡을 때는 시간을 많이 사용해야 한다. 주어진 시간의 절반 이상을 써도 된다. 우선 생각나는 대로 여러 가지 내용을 문장개요 형식으로 메모한다. 보편적으로 개요가 주제 형식으로 쓴 것이라면 문장개요는 요지, 즉 국어의 기본문형 형식으로 쓴 글이다. 그 문장개요을 취사선택해 자기의 생각대로 나열해보면 서론, 본론, 결론의 내용이 보인다.

개요, 특히 문장개요는 하나의 문단을 형성하는 근본이다. 문장개요를 한 문단의 주지문장으로 두고 보조문장(예시문장, 상술문장, 부연 설명한 문장 등)을 두세개 정도 덧붙이면 된다. 문장개요의 내용에 따라 보조문장은 없어도 되고 네개 이상이 되어도 된다. 각 문단별로 문장개요가 작성되어 있으면 시간도 단축되고 글이 삼천포로 빠질 위험이 적어진다. 이런 식으로 글을 쓰면 전체적인 면에서는 통일성 있는 글이 탄생한다.

🍀 간결체와 두괄식이 쉽다

학생은 전문가가 아니다. 보다 명쾌한 의사 전달을 위해서는 간결체와 두괄식이 좋다. 모든 글에는 글쓴이의 성격을 드러나 있다. 핵심을 먼저 이야기하는 사람이 있는가 하면 잡다한 설명을 한참 이야기하다가 나중에 핵심을 이야기하는 사람도 있다. 모두 장단점이 있다. 그러나 학생들은 글쓰기에 관한 한 초보자니까 논설문에서는 두괄식으로 쓰는 것이 쉽고 편하다.

🍀 습작을 많이 해야 한다

습작은 1주일 간격으로, '대충 쓴다'는 기분으로 쓰자. 학생들은 무조건, 처음부터 지구상에서 제일 좋은 글을 써야 한다고 생각하고 있다. 그 때문에 글쓰기가 안 된다. 지구상에서 가장 부끄러운 내용일지라도 쓸 수 있는 용기가 필요하다. 자신감을 가지고 돌진하는 것이 제일 중요하다.

습작을 할 때는 빈드시 원고지를 사용해야 한다. 연습장에 쓴 뒤에 옮겨 적는 것은 시간상 무리다. 문장개요를 작성하면 연습장을 사용하지 않아도 된다. 또한 글 쓰는 시간은 개요를 작성하는 시간을 합해서 절대로 한 시간을 넘기지 않는 습관을 길러야 한다.

고등학교 3학년 학생이라면 수능이 끝난 후에는 매일 쓰는 것이 좋다. 시간도 지켜야 한다. 자신이 지망하는 대학에서 제시하는 시간을 활용하는 것도 좋다.

습작을 하면 자기가 쓴 글에서 한 문단의 글자수가 몇 개 정도인지 대략 짐작이 가능하다. 한 문단에서 세문장이나 네문장을 단문으로 쓴다고 가정하면 원고지로 약 150자 ~ 200자 전후가 될 것이다. 여기서도 한 문단은 "몇 자로 써라."가 아니고 글을 쓰는 사람이 '나는 한 문단을 쓰면 일반적으로 몇 자가 되더라.'는 것을 스스로 깨달아야 한다.

전체 10% 정도는 글자수의 가감이 가능하다. 만약 '1,200자 내외' 라는 조건이 있으면, 원고지에 표시된 1080자~1320자 사이에서 글을 마치면 된다. 글자수를 맞추는 하나의 방편으로 본론의 마지막에는 계륵(鷄肋; 닭의 갈비. 소용은 적으나 버리기는 아까운 물건을 가리키는 말)에 해당하는 문단을 두는 것도 좋다. 대략적인 문단의 숫자도 파악할 수 있다. 출제자가 글자수를 제시하는 것은 그 속에 문단을 몇 개 정도로 하라는 무언의 요구가 포함되어 있다고 보면 된다.

습작을 할 때는 틀리게 썼더라도 그냥 넘어가야 한다. 마음에 들지 않는다고 지우는 버릇을 들이면 안 된다. 실전에서 그 버릇이 나오지 않게 해야 된다. 답안지는 깨끗해야 된다. 만약 실전에서 그런 일이 생겼다고 하더라도 고칠 필요는 없다. 보조문장 하나 잘못 쓴 것을 근거로 전체를 평가하지 않는다. 전체 글에서 자기의 생각(논지)를 얼마나 매끄럽게, 독창적으로 전개했나를 더 크게 본다.

습작을 계속 해나가면서 3~4일 간격으로 자신이 쓴 글을 독해하여 보라. 단락별 요지와 주제를 찾아보면 자신의 글에서 논리성의 유무를 바로 발견할 수 있을 것이다. 논리성이 없다고 판단되면 그 내용을 가지고 다시 써 보는 것이 좋다.

논술은 반드시 성적에 비례하지 않는다. 현직에서 교사생활을 할 당시, 성적이 중하위권에 속하는 학생들의 글이 상위권 학생들의 글들보다 오히려 좋은 글이 많다는 것을 확인할 수 있었다. 논술은 자기 생각을 어떻게 효과적으로 표현하느냐의 문제이므로 습작을 열심히 한다면 얼마든지 실력을 쌓을 수 있는 것이다. 배경 지식이 풍부한 학생이라면 습작 한달만에라도 창의력 있는 논술을 완성할 수 있다. 논술 공부는 습작이다.

🍀 논술도 복습을 한다

습작을 하고 약 일주일 정도 후에 자신이 쓴 글을 다시 읽어가며 그 내용과 좋은 글의 요건을 비교하며 분석해본다. 이것이 올바른 논술 공부법이다. 자신만 읽는 것이 아니라 용기 있게 친구들에게도 보여줄 수 있어야 한다. 처음에는 자신의 글에 무한한 부끄러움을 가질 수밖에 없다. 그러나 그것을 이겨냈을 때 이미 자신의 논술 실력이 향상되어 있다고 생각하면 된다.

또한 서론, 본론, 결론에 어떤 내용이 들어가야 논설문의 형식에 맞는가를 스스로가 판단해야 한다. 그 판단 능력을 기르려면 다른 사람들 (전문가가 아닌 사람도 포함)의 글을 독해하며 많이 생각해봐야 한다. 자신이 쓴 글을 복습하면서 '논설문의 형식이 파괴되기도 하는구나.' 라는 것을 발견해낼 수 있을 정도가 되면 '나의 논술실력은 대단하다.' 라는 자부심을 가질 만하다.

🍀 신문을 읽어라

　신문 칼럼은 일반적으로 기승전결의 4단 형식으로 되어 있어 기본적인 논술유형을 익히기에는 가장 적당한 교재이다. 또, 상식을 넓히는 데도 유용하다. 신문에는 사설이나 비평도 있으나 권장하고 싶지 않다. 흔히 신문의 사설이 논술 교육에 좋다고 하지만, 정신적으로 미성숙한 학생들에게 자칫 편향된 생각을 심어줄 수 있다. 다만 상반되는 주장을 펼치는 신문을 두세개 골라서 읽고, 자신만의 생각까지도 전개할만한 실력을 갖춘 학생에게는 신문 사설이 많은 도움이 될 것이다.

논술 쓰기 10계명

① 글씨체에 신경을 써라.

　첫인상이 중요하다. 가능한 깨끗하게 써라.

② 맞춤법에 맞게 써라.

　맞춤법이 틀리면 답안의 신뢰성을 떨어뜨린다.

③ 원고지 사용법에 주의하라.

　원고지 사용법은 글쓰기의 기본임을 기억하자.

④ 원고 분량을 철저히 지켜라.

　분량이 부족하거나 넘칠 경우 0점 처리되거나 감점된다.

⑤ 개념어(실질적인 뜻을 지닌 것)를 사용하라.

　구어적 표현, 추상적인 표현, 전문적인 용어는 삼가야 한다.

⑥ 문장을 완성시킨다. 문장의 서술 관계를 생략해선 안 된다.

　말줄임표 등은 가급적 사용하지 말자.

⑦ 문장은 간결하게 쓴다. 단문이 읽기에 편하다.

　문장이나 수식어가 길면 비문(틀린 문장)이 될 수 있다.

⑧ 주관적 감상적 표현은 피하라.

　"～라고 생각한다"와 같온 표현은 객관성을 떨어뜨린다.

⑨ 고칠 때는 수정액으로 지우거나 자로 줄을 긋고 다시 써라.

⑩ 답안지에 쓸 데 없는 표시를 하면 부정행위로 의심받는다.

논술의 채점 기준

- 구성력 : 단락과 전체 글의 구성력, 논지 전개력을 본다.

- 이해력 : 문제 및 지문에 대한 이해도를 본다.

- 비판력 : 지문의 내용에 대하여 자신만의 시각을 가졌나를 본다.

- 논리력 : 주장에 대한 근거 제시가 적절한지를 본다.

- 창의력 : 남과 다른 방식의 논증을 전개하는 지를 본다.

- 표현력 : 원고지 사용법과 단락 나누기가 적절한지를 본다.

　　　　적절한 어휘를 구사하는지를 본다.

- 논거 제시 : 적절한 논거를 제시해야 한다.

- 대안 제시 : 적절한 대안을 제시했는지를 본다.

고려대 논술 채점단이 말하는 '논술 채점의 마이너스 요인'

① 논제의 요구를 무시한 형식

② 제시문의 문구를 그대로 인용해 쓴 문장

③ 제시문 간의 중요도를 파악하지 못한 글

④ 심층적 해석 없이 제시문을 넘어서지 못하는 내용

⑤ 대책을 뒷받침하는 충분한 이론적, 현실적 논거 부족

⑥ 엉터리 맞춤법과 원고지 사용법

⑦ 휘갈겨 쓴 글씨

원고지 사용법

- 한 칸에 한 글자씩 쓰며, 문장 부호도 한 글자로 간주한다.

- 마침표와 쉼표의 다음 칸을 비우지 않는다.

- 따옴표 이외의 구두점은 행의 첫 칸에 쓰지 않는다.

- 문장이 오른쪽 끝에서 끝나 구두점을 찍을 칸이 없을 때는 끝 칸에 글
  자와 함께 넣거나 오른쪽 여백에 칸을 그려 넣어 찍는다.

- 알파벳 소문자, 아라비아 숫자 등은 한 칸에 두자씩 써도 된다.

- 제목은 두 행을 잡아서 행의 좌우 중간쯤에 쓴다.

- 이름은 제목 바로 아래 행에 쓰는 데, 행의 중간에서 시작하여 오른쪽
  에 위치하도록 쓴다.

- 본문은 이름 아래 한 행을 띄고 쓰며, 첫 칸을 비우고 시작한다.

- 문단이 바뀌는 경우에는 행을 바꾸어 첫 칸을 비우고 시작한다.

- 행의 맨 끝을 띄어 써야 할 때 비울 칸이 없으면 ∨표를 한다.

- 대화 부분은 첫 칸을 비우고 둘째 칸에 따옴표를 넣고 셋째 칸부터 글
  자가 나오게 한다.

교정부호

부 호	예	설 명
ℓℓ	한국인⦿	글자를 뺄 때
생	한국인 생	그대로 둘 때
ℓ	⦿국인	비뚤어진 글자를 바로잡을 때
↙	국 한인 한⦿인 국	빠진 글자나, 틀린 글자를 고칠 때
↗	한국인	글자가 잘 보이지 않거나 나쁠 때
⌢	한국 인	글자나 단어 사이를 붙일 때
⌵	우리나라	글자나 단어 사이를 뗄 때
⅃	한국인	왼쪽(앞)으로 밀 때
Ⱶ	한국인	오른쪽(뒤)으로 밀 때
⊓	한국인	단어나 문장의 줄이 똑바르지 않을 때
⌐	한국인의 국민성	줄을 바꾸어 새 줄을 잡을 때
⌇	한국인의 국민성	두 행을 이어서 한 행으로 할 때
⌒	국한인	앞뒤의 글자나 말을 뒤바꿀 때
∧ ∧	…하고∧ …하다∧	문장에 부호가 빠졌을 때
·	한국민국	중간점을 넣을 때
? ₂	E X₀ H₂O	위로, 아래로 놓을 때
> <	한국인의 국민성	행간을 넓힐 때
( )	한국인의 국민성	행간을 붙일 때
／ 명	한국인 명	명조체로 서체로 바꿀 때
／ 고	한국인 고	고딕체로 서체로 바꿀 때
＝	한국안	잘못된 단어나 문장을 지워버릴 때